AF607031

Cuadernos del Acantilado, 126

BREVE ELOGIO DE DANTE

GIOVANNI BOCCACCIO

BREVE ELOGIO DE DANTE

TRADUCCIÓN DEL ITALIANO
DE MARILENA DE CHIARA

BARCELONA 2025 ACANTILADO

TÍTULO ORIGINAL *Trattatello in laude di Dante*

Publicado por
ACANTILADO
Quaderns Crema, S. A.

Muntaner, 462 - 08006 Barcelona
Tel. 934 144 906
correo@acantilado.es
www.acantilado.es

En la cubierta, *Seis poetas toscanos* (1544), de Giorgio Vasari

ISBN: 978-84-19958-47-1
DEPÓSITO LEGAL: B. 23556-2024

AIGUADEVIDRE *Gráfica*
QUADERNS CREMA *Composición*
ROMANYÀ-VALLS *Impresión y encuadernación*

PRIMERA EDICIÓN *febrero de 2025*

BREVE NOTA A LA TRADUCCIÓN

Boccaccio compuso tres versiones sucesivas (entre 1351 y 1366) de su retrato y elogio de Dante. Se traduce aquí la primera: más amplia y de estructura más compleja que las dos posteriores, enriquecida por anécdotas y digresiones, se caracteriza por el estilo mordaz y la inconfundible ironía boccacciana. La traducción traslada precisamente este rasgo de la poética—evidente en *El Decamerón* y en toda la obra del autor—al léxico y a la sintaxis, en el diálogo que Boccaccio establece con Dante y su *Comedia*, con la visión de la poesía y su vínculo con la sociedad (que comparte con su contemporáneo Francesco Petrarca) y con su intención, en el doble rol de biógrafo y crítico (al que se podría sumar un tercero: el de mitógrafo).

Para que se entienda su importancia semántica, histórica, política y social, se mantienen en italiano todos los nombres propios de personas y de localidades, específicas de la topografía dantesca, que no tienen traducción al español.

AQUÍ COMIENZA EL TRATADO SOBRE LOS ORÍGENES, LA VIDA, LOS ESTUDIOS Y LA MUERTE DEL FAMOSO FLORENTINO DANTE ALIGHIERI, POETA ILUSTRE, Y SOBRE LAS OBRAS QUE ÉL COMPUSO.

Solón, cuyo pecho fue considerado un templo de sabiduría divina y cuyas leyes sagradas siguen siendo para los hombres del presente un testimonio preclaro de la justicia antigua, decía a menudo—según relatan algunos—que toda república, como los seres humanos, se apoya y camina sobre dos pies. De manera muy sensata, afirmaba que el pie derecho no dejaba que ningún pecado permaneciera impune y que el izquierdo compensaba los actos bien hechos. Y añadía que si, por vicio o por negligencia, se omitía cualquiera de las dos tareas o no se respetaban a conciencia, sin duda aquella república avanzaría coja. Y si por desgracia se traicionaban ambos cometidos, estaba seguro de que no podría ni aguantarse de pie.

Por tanto, movidos por esta máxima (encomiable y a todas luces cierta), pueblos célebres y antiguos rendían honores a los hombres valiosos, unas veces venerándolos como divinidades, otras erigiendo en su honor estatuas de mármol u otorgándoles sepulcros ilustres, y otras por medio de arcos triunfales o coronándoles con laurel, según los méritos correspondientes. No me interesa, en cambio, relatar las penas infligidas a los culpables. Por estos honores y condenas, las repúblicas asiria, macedonia, griega y finalmente romana ampliaron, con su labor, los confines de sus territorios y su fama alcanzó las estrellas. Pero los sucesores del presente—y sobre todo mis conciudadanos florentinos—no siguieron las huellas y ni tan elevado ejemplo y se han desviado tanto del recto camino que hoy el más ambicioso consigue el premio que le correspondería al de mayor virtud. Por eso, tanto yo como cualquiera que observe con ojo juicioso ve con gran aflicción en el alma que hombres malvados y perversos ocupan cargos elevados y reciben recompensas, mientras los buenos son expulsados, desalentados y denigrados. Los que gobiernan el timón de esta nave verán qué final les reserva el juicio de Dios: nosotros (gentes inferiores) somos arrastrados por la marea, por la Fortuna, pero no somos partícipes de la culpa. Y aunque lo que predecimos podría perdonarse con indultos inaceptables, para revelar nuestros defectos y cumplir con mi propósito principal, me bastará con narrar sólo una circunstancia (que no es irrelevante ni pequeña): el exilio del ilustre Dante Alighieri. Por virtud y por sabiduría este ciudadano antiguo (y no de oscuro parentesco) merecía reconocimiento, como prueban sus obras y actos: si se hubieran dado en una república justa, sin duda le habrían valido altísimas recompensas.

¡Pensamiento perverso, obra deshonesta, ejemplo miserable y argumento evidente de ruina futura! En vez de darle merecido reconocimiento, lo condenaron injusta y furiosamente, lo expulsaron para siempre, le requisaron los bienes paternos y, si hubieran podido, habrían manchado su gloriosa fama con culpas falsas. Lo confirman las huellas de sus peregrinaciones en el exilio, su sepultura en tierra extranjera y su prole dispersada en casas ajenas. Si todas las demás iniquidades florentinas pudieran ocultarse de la mirada de Dios (que todo lo ve), ¿ésta sola no bastaría para provocar su ira? Claro que sí. Considero que es honesto no hablar de quien, por el contrario, es alabado. Pensándolo bien, el mundo presente no solamente se ha descarrilado del camino correcto, sino que ha invertido la posición de los pies. Es muy evidente que, si nosotros y los que viven de forma parecida (en contra de la mencionada máxima de Solón) nos aguantamos de pie sin caernos, se debe a un cambio en la naturaleza de las cosas (por la costumbre, como suele ocurrir a menudo) o a un milagro especial, es decir: por méritos de algún antepasado nuestro, Dios (contra toda previsión humana) nos sostiene con su paciencia, que tal vez espera arrepentimiento de nuestra parte. Y si este último no se produce, que nadie dude de que su ira—que, a paso lento, precede a la venganza—nos reservará un tormento tan grave que compensará plenamente su retraso.

Aunque nos parezca que los errores quedan impunes, no solamente tenemos que evitar cometerlos, sino que debemos intentar corregirlos actuando bien. Siendo yo una pequeña parte de aquella misma ciudad de la cual Dante Alighieri representó una parte grandísima—por sus méritos, su nobleza y su virtud—, estoy obligado, como cualquier otro ciudadano, a rendirle honores. Aunque yo no sepa cumplir con una tarea tan elevada, por mis escasas facultades, intentaré homenajearlo como hubiera tenido que hacer la propia ciudad. No lo haré con una estatua o con una tumba ilustre (ya no es costumbre y mis fuerzas no serían suficientes), sino con pobres palabras: son lo que tengo y lo que ofrezco para que en tierras extranjeras no se diga, con razón o sin ella, que su propia patria fue ingrata con el poeta. Y escribiré con un estilo muy humilde y ligero (mi inteligencia no permite un tono elevado) y en nuestro idioma florentino, para que no desentone con el que Dante utilizó en la mayoría de sus obras. Hablaré de lo que él, por honestidad, calló, es decir, de su noble origen, su vida, sus estudios y sus costumbres; y presentaré en conjunto sus obras, por medio de las cuales se entregó claramente al futuro. Tal vez mis palabras lo envuelvan con más tinieblas que esplendor, aunque no sea mi intención ni mi propósito. Por eso me alegrará si alguien más sabio que yo me corrige, si me equivoco en este u otro aspecto. Para que no ocurra, le ruego humildemente a Dios—que hizo que el poeta ascendiera a su contemplación, como sabemos—que me ayude y guíe mi mente y mi débil mano.

Florencia, la más noble entre las ciudades italianas, según las leyendas antiguas y la opinión compartida por los contemporáneos, fue fundada por los romanos. Con el tiempo amplió su territorio, su población creció y se llenó de hombres ilustres, y empezó a ser considerada por los que la rodeaban como una ciudad poderosa. No está claro qué provocó el cambio con respecto a los altos inicios, no sabemos si la fortuna fue contraria o adverso el cielo o si dependió de la forma de vivir ciudadana. Sin embargo, es muy cierto que, no muchos siglos después, Atila (el cruel rey de los vándalos y el destructor de toda Italia) mató y dispersó a todos o a la mayoría de los ciudadanos ilustres (lo eran por nobleza de sangre o por otras razones) y redujo la ciudad a cenizas y ruinas. Y así se cree que permaneció hasta el siglo III. Luego, cuando el Imperio romano se trasladó a la Galia y Carlo Magno (que en aquel entonces era el muy clemente rey de los francos) se convirtió en emperador, movido—creo yo—por el espíritu divino, tras muchos esfuerzos, se dedicó a reedificar la ciudad desolada. En cuanto pudo, hizo que los mismos que la fundaron reconstruyeran las murallas que la rodeaban y la erigieran y la habitaran como si fuera Roma; además, recogió las pocas reliquias que consiguió encontrar de los descendientes de los que antiguamente habían sido expulsados.

Entre los nuevos habitantes, tal vez como encargado de la reedificación y la redistribución de las calles, además de como responsable de la redacción de las leyes oportunas para el pueblo nuevo (tal como testimonia su fama), llegó desde Roma un joven muy noble de la familia de los Frangiapani, a quien todos llamaban Eliseo. Por suerte—quizás porque consiguió el objetivo principal por el cual había venido, o movido por el amor hacia la ciudad que él mismo reordenó, o por el placer de vivir allí, o tal vez porque vislumbró que en el futuro el cielo le sería favorable—se convirtió en ciudadano perpetuo de la ciudad. Y dejó una estirpe, ni pequeña ni poco loable, de hijos y descendientes que abandonaron el apellido de sus antepasados y asumieron como apodo el nombre de quien lo empezó todo: pasaron a llamarse «los Elisei». Con el paso del tiempo, la familia siguió ampliándose y nació y vivió un caballero destacado y valiente (por armas y por sensatez) cuyo nombre era Cacciaguida. En su juventud, por decisión de sus padres, se casó con una joven de la familia de los Aldighieri, de Ferrara, que era preciada por su belleza, educación y nobleza de sangre. Y vivió con ella muchos años y con ella tuvo hijos. Todos recibieron un nombre convencional, pero ella—como suelen hacer las mujeres—deseó renovar el nombre de sus antepasados y a uno de sus hijos lo llamó Aldighieri, que se convertirá en Alighieri por la sustracción de la letra *d*. El valor de este último Alighieri fue tal que sus descendientes renunciaron al apellido Elisei y se convirtieron en los Alighieri (y así siguen apellidándose en nuestros días). Hijos, nietos e hijos de los nietos del primero llevaron, durante el reinado de Federico II, a otro Alighieri, que será famoso por su futura prole más que por sí mismo. Su mujer, embarazada y ya cercana al momento del parto, vio en sueños al fruto de su vientre que ni ella ni nadie conocía y que hoy, por el impacto que produjo, es por todos conocido.

La gentil mujer soñó que estaba bajo un árbol de laurel altísimo, en un prado verde, al lado de una fuente de aguas claras, y que allí alumbraba a un hijo: según le pareció, en un tiempo muy breve y nutriéndose sólo de las bayas que caían del árbol y del chorro de la fuente, el niño se convertía en pastor y se las ingeniaba como podía para conseguir hojas del árbol, cuyo fruto lo había alimentado. Y mientras se esforzaba en conseguir su objetivo, le pareció verlo caer, y al levantarse ya no era hombre, sino que se había convertido en un pavo real. Se admiró tanto que interrumpió el sueño. Pasó poco tiempo y se produjo el parto y ella dio a luz a un niño: de común acuerdo con el padre, lo llamaron Dante, y merecidamente porque, como veremos, al nombre le siguió el efecto.

Se trata del Dante al que se dedica el presente tratado, aquel Dante que—por especial gracia de Dios—le fue concedido a nuestro siglo, el mismo Dante que abrió las puertas para que las Musas, expulsadas tiempo atrás, volvieran a Italia. Gracias a él se ha demostrado la dignidad del idioma florentino; gracias a él todo elemento de la lengua vulgar está reglado según la métrica correspondiente; gracias a él se puede justamente decir que la poesía muerta ha resucitado. Y todo lo anterior, debidamente analizado, demostrará que él no pudo recibir otro nombre que Dante.

Este singular e ilustre italiano nació en nuestra ciudad cuando el trono del imperio se encontraba vacante tras la muerte del ya mencionado Federico, en los años de la saludable reencarnación del Rey del Universo MCCLXV, con el papa Urbano IV en la cátedra de San Pedro. Y fue recibido en la casa paterna con un destino muy dichoso (dichoso—digo—según la circunstancia del mundo en aquel momento). En cualquier caso, dejando de lado la reflexión sobre su infancia (durante la cual ya aparecieron muchas señales de la futura gloria de su inteligencia), afirmo que desde el principio de su puericia, cuando ya se había iniciado en las letras, no se entregó a las diversiones lascivas y al ocio (como acostumbran a hacer los nobles de hoy en día, que crecen perezosos en los vientres de sus madres), sino que dedicó toda su niñez al estudio continuo de las artes liberales y se convirtió en un admirable experto.

Y a medida que su ánimo y su ingenio crecían, no se planteó realizar estudios lucrativos (como hoy todos suelen hacer): se sintió atraído por cierto deseo de fama perpetua y, menospreciando las riquezas transitorias, decidió libremente dedicarse a la comprensión completa de las obras poéticas y de la explicación exegética de su sentido profundo. En este ejercicio se familiarizó muchísimo con la obra de Virgilio, de Horacio, de Ovidio, de Estacio y de todos los demás poetas famosos. No deseaba solamente conocer sus obras, sino que empezó a imitarlos con la altura de sus versos (como muestran sus obras, de las cuales hablaremos más adelante). Se dio cuenta de que las obras poéticas no son vanas o simples fábulas o palabras maravillosas (como creen muchos necios), sino que esconden frutos dulcísimos de verdades históricas o filosóficas y que, sin conocimientos históricos y de filosofía moral y natural, las intenciones poéticas no se pueden comprender plenamente. Por eso, distribuyendo debidamente su tiempo, se dedicó al estudio de la historia y de la filosofía con diversos maestros, no sin entrega y afán intensos. Absorbido por la dulzura del conocimiento de la realidad del cielo y de lo que encierra, al no encontrar en su vida nada más querido que este deseo, abandonó toda inquietud temporal y se entregó por completo al estudio. Y para que ningún aspecto de la filosofía permaneciera oculto ante su mirada, se adentró con agudo ingenio en las profundidades elevadísimas de la teología. La intención no se alejó del resultado: sin preocuparse por el calor ni el frío, por las noches en vela ni los ayunos, ni por cualquier otra incomodidad del cuerpo, llegó a conocer, con dedicación constante, todo lo que la mente humana puede llegar a conocer acerca de la esencia divina y de las demás inteligencias angélicas. Y, a distintas edades, estudió las diversas ciencias, aprendiendo en varias etapas con diferentes doctores.

Empezó en su misma patria—como hemos mencionado—y de allí se trasladó a Bolonia, un lugar más fértil para su deseo. Cuando ya se aproximaba a la vejez fue a París, donde, disputando con su propia gloria, demostró varias veces la altura de su mente y donde todavía hoy, cuando se evoca, causa sorpresa. Justamente mereció títulos elevados por sus muchos estudios: mientras estuvo vivo, algunos siempre lo llamaron «poeta», otros «filósofo» y muchos «teólogo». Como la victoria es más gloriosa para el ganador cuanto mayores son las fuerzas del vencido, considero oportuno demostrar cómo él, tras ser arrastrado aquí y allí por el mar fluctuante y tempestuoso, arribó al puerto seguro de los famosos títulos que acabo de mencionar.

Los estudios suelen requerir soledad, la supresión de preocupaciones y la tranquilidad de ánimo, y más si se trata de los estudios especulativos a los cuales nuestro Dante, como se ha demostrado, se entregó por completo. En vez de serenidad y quietud, casi desde el principio de su vida hasta el final de su muerte, Dante vivió una pasión de amor insoportable y feroz, tuvo esposa y el compromiso de cuidados familiares y obligaciones públicas, experimentó exilio y pobreza. Dejando de lado las preocupaciones que por necesidad todos arrastramos, considero conveniente examinar una por una esas dificultades, para que su gravedad se haga patente.

En el tiempo en que la dulzura del cielo viste toda la tierra con sus ornamentos y la vuelve risueña por la variedad de flores que se mezclan entre las hojas verdes, en nuestra ciudad los hombres y las mujeres, por separado, acostumbraban a realizar celebraciones. Por eso Folco Portinari (hombre muy honrado entre los ciudadanos de aquellos tiempos), el primer día de mayo solía invitar a su casa a sus vecinos: entre ellos se encontraba el ya mencionado Alighieri. Como los niños acostumbran a ir con sus padres, y más si se trata de ocasiones festivas, lo acompañaba Dante, que en aquel momento aún no había cumplido nueve años. Y allí, tras la comida, se puso a jugar como correspondía a su joven edad con los demás niños y niñas, pues había muchos en la casa del anfitrión.

En el grupo de los jovencitos se encontraba una hija del mencionado Folco, cuyo nombre era Bice (así la llamaban como diminutivo de su nombre originario, Beatrice). Tendría unos ocho años y era muy hermosa, de acuerdo con su niñez, amable y agradable en sus actos, de costumbres y palabras mucho más solemnes y modestas de las que su edad requería. Los rasgos de su rostro eran muy delicados y equilibrados: además de belleza, rebosaban tal gracia y honestidad que muchos la consideraban un ángel. Esta niña, pues (como la pinto o tal vez mucho más bella), apareció en la fiesta ante nuestro Dante (no creo que por vez primera, pero sí por primera vez con la capacidad de enamorarlo). Y él, pese a que todavía era un niño, recibió en su corazón la imagen de ella con tanto afecto que desde entonces no pudo olvidarla jamás. Nadie sabe cómo ocurrió, pero Dante, pese a su temprana edad, se convirtió en un ferviente servidor del amor. Tal vez se debió a la semejanza de inclinaciones y de costumbres, o a una especial influencia de los astros, o tal vez—como vemos a menudo en las fiestas—por la dulzura de las canciones, la alegría general, la delicadeza de la comida y del vino, que hacen que los ánimos de los hombres maduros y también de los jóvenes se expandan y se abran al placer.

Al margen de las hipótesis acerca de los eventos infantiles, lo cierto es que las llamas del amor se multiplicaron con la edad, hasta el punto de que nada le generaba placer o consuelo que no fuera verla a ella. Por eso, abandonando el resto de asuntos, iba solícito adonde creía poder verla, como si su rostro y sus ojos pudieran entregarle todo bien y todo consuelo.

¡Oh, juicio insensato de los amantes! ¿Quiénes, si no ellos, considerarían que añadir estopa reduce las llamas? Cuántos y cuáles eran los pensamientos, los suspiros, las lágrimas y las demás pasiones profundas que, con la edad, Dante experimentó en nombre de este amor, él mismo lo cuenta en parte en su *Vita nova*, por eso no me entretengo en relatarlos. Pero no quiero dejar de mencionar algo: según él mismo escribe (y según el testimonio de quien conoció su deseo), este amor fue honestísimo y nunca apareció, ni a través de una mirada, una palabra o un gesto, ningún apetito libidinoso ni por parte del amante ni por parte de la amada. Y no es un detalle sin importancia en nuestro mundo presente, en el que ya no se disfruta del placer honesto, acostumbrados como estamos a conseguir lo que nos gusta según nuestros deseos, antes incluso de haber decidido amar. Y despierta admiración, en cuanto algo rarísimo, quien ama de otra forma.

Si tanto amor y tan prolongado pudo influir en el apetito, en el sueño y en toda quietud, ¿cuánto podríamos considerar que obstaculizó los estudios sagrados y el ingenio? No poco, sin duda. Muchos creen que el amor activó el ingenio, por las palabras hermosas, en idioma florentino y en rima, que Dante escribió elogiando a la mujer amada y expresando su pasión y su concepción del amor. Pero yo no estoy de acuerdo. No quiero afirmar, por tanto, que el estilo adornado sea parte importantísima de toda ciencia, porque no es cierto.

Como todos sabemos, en este mundo no hay nada estable, y si hay algo que cambia ligeramente es nuestra propia vida. Si sentimos un poco más de calor o de frío, dejando de lado los otros accidentes infinitos y posibles, pasamos sin dificultad del ser al no ser. Amabilidad, riqueza y juventud no están exentas de esta condición:

Dante experimentó la muerte de otros antes que la suya, como consecuencia del peso de esta ley común. La bellísima Beatrice estaba a punto de cumplir veinticinco años cuando (así lo dispuso El que todo puede) abandonó la angustia de este mundo y alcanzó la gloria que sus méritos le habían asegurado. Dante reaccionó a su partida con tanto dolor, tanta aflicción y tantas lágrimas que muchos de sus amigos y parientes más cercanos creyeron que sólo las disiparía la muerte. Y consideraron que ésta se produciría en breve, al ver que él no atendía a ninguna palabra de consuelo o de alivio.

Los días eran noches y las noches, días. No transcurría ni una hora sin lamentarse, sin suspirar y sin llorar lágrimas copiosas: sus ojos parecían dos fuentes abundantísimas de agua de manantial (era sorprendente que tuviera líquido suficiente para tanto llanto). Pero, como sabemos, las pasiones se vuelven tolerables cuando se experimentan de forma continua y, al mismo tiempo, todo disminuye y se apaga con el tiempo. Así ocurrió que Dante, tras varios meses, consiguió recordar—sin llorar—que Beatrice había muerto y, con juicio más imparcial, cuando el dolor dio paso a la razón, reconoció que ni el dolor ni los suspiros ni ninguna otra cosa podrían devolverle a la mujer perdida. Por tanto, se dispuso a soportar su pérdida con más paciencia, y no pasó demasiado tiempo hasta que, tras abandonar las lágrimas, también los suspiros (que, de hecho, ya estaban a punto de acabarse) empezaron a desvanecerse para no volver.

Por el llanto, por la aflicción que su corazón sentía por dentro y porque no se cuidaba, el aspecto de Dante era salvaje: delgado, barbudo y casi del todo transformado en comparación al que solía ser, al punto que provocaría compasión en cualquier persona que lo mirara y no fuera su amigo (mientras duró esta etapa lagrimosa no se dejó ver por otros que no fueran sus amigos).

La compasión y el miedo de lo peor hicieron que sus parientes le prestaran cuidados y consuelo. Cuando vieron que las lágrimas se habían acabado y que los suspiros tormentosos habían dado tregua a su pecho fatigado, volvieron a animarlo con las palabras que antes habían resultado inútiles. Él, que hasta aquel momento había mantenido los oídos cerrados, empezó a abrirlos y a escuchar de buena gana lo que los demás le decían para consolarlo. Sus parientes, viendo que empezaba a salir de su dolor y para provocarle regocijo, pensaron en encontrarle una esposa: para que una nueva mujer fuera razón de alegría, como había sido razón de tristeza la que había perdido. Tras hallar a una joven conforme a la condición de Dante, le revelaron su intención con los argumentos que les parecieron más persuasorios. Y para no entretenerme más en el asunto, tras largas conversaciones y sin que pasara mucho tiempo, a la intención le siguió el efecto: y Dante se casó.

¡Oh, mentes ciegas, intelectos tenebrosos, argumentos vanos de muchos mortales, cuán contrarias a vuestras previsiones se dan las cosas y no sin razón la mayoría de las veces! ¿Quién enviaría a alguien del aire dulce de Italia a la arena ardiente de Libia para refrescarse o de la isla de Chipre a la sombra eterna de los montes Ródope para calentarse? ¿Qué médico intentaría bajar la fiebre aguda con fuego o el frío en la médula de los huesos con hielo o nieve? Sin duda, quien crea poder mitigar el tormento amoroso con una nueva esposa. Los que opinan así no conocen la naturaleza del amor, ni tampoco saben cuánto lo amplifican las demás pasiones. En vano se ofrece ayuda o consejo contra su violencia, si el amor ya ha enraizado con firmeza en el corazón de quien ha amado durante mucho tiempo. Como al principio cualquier mínima resistencia es beneficiosa, así en el proceso las grandes oposiciones suelen ser a menudo dañinas. Hay que volver al propósito y concederle al presente lo que las fatigas amorosas por sí mismas puedan hacer olvidar.

Por tanto, ¿qué hará quien, para apartarme de una preocupación, me dispondrá hacia pensamientos mucho mayores y más inquietantes? Nada más que provocar el deseo de volver a la situación en la que me encontraba, además del daño que me habrá causado. Así vemos que les ocurre a menudo a muchos que, para salir (o para que alguien los aparte) del sufrimiento amoroso, se casan a ciegas o dejan que alguien organice su boda. Y no se dan cuenta de que han escapado de un enredo para meterse en miles, antes de que la prueba de la convivencia lo confirme y se arrepientan cuando ya no pueden volver atrás. Los parientes y amigos organizaron la boda de Dante para que dejara de llorar la pérdida de Beatrice. No sé si por eso, cuando pasaron las lágrimas—si acaso pasaron—también se aplacó la llama del amor: no lo creo. Y aunque lo admitamos, sobrevinieron experiencias mucho más dolorosas.

Estaba acostumbrado a velar por sus estudios elevados cuanto y como quería, razonaba acerca de principios elevadísimos con emperadores, reyes y con cualquiera; disputaba con filósofos y se deleitaba con agradables poetas, escuchando las angustias ajenas mitigaba las suyas propias. Ahora, puede entretenerse con ellos cuando le place a la nueva esposa; y, cuando ella lo priva de tan célebre compañía, debe escuchar los razonamientos femeninos y, si no quiere incrementar su aburrimiento, no solamente tiene que aprobarlos—contra su voluntad—, sino también alabarlos. Estaba acostumbrado a retirarse a lugares solitarios siempre que le molestaba la muchedumbre, para especular sobre qué inteligencias mueven los cielos, sobre la vida de los animales en la Tierra y sobre la razón de las cosas, o para imaginar invenciones singulares y componer versos que lo harían vivir, una vez muerto, a través de su fama. Ahora, no solamente es apartado de las dulces contemplaciones siempre que la nueva mujer así lo desea, sino que se ve en compañía de personas mal dispuestas a tales reflexiones. Estaba acostumbrado a reír y a llorar libremente, a cantar y a suspirar según el impulso de las pasiones dulces y amargas; y ahora, o bien no se atreve o bien le conviene justificar todo lo que hace ante la mujer, no sólo lo que se refiere a las ocupaciones relevantes, sino también cada mínimo suspiro, explicando qué lo causó, de dónde viene y hacia dónde va, porque, si está alegre, ella interpreta que es porque ama a otra y, si está triste, es porque está enfadado con ella.

¡Qué fatiga inestimable tener que vivir con un ser tan dado a la sospecha, tener que conversar con ella y finalmente envejecer o morir en su compañía! Ahora bien, no quiero hablar de la nueva y gravísima tendencia que les conviene acatar a los que no están acostumbrados (y más en nuestra ciudad), es decir: la vestimenta, la ornamenta y las habitaciones llenas de objetos superfluos que las mujeres consideran oportunos para vivir bien; los sirvientes, las sirvientas, las nodrizas, las camareras; los convites, los dones y regalos que hacen a los parientes de las recién casadas quienes quieren que ellas crean que las aman; y muchas otras cosas que los hombres libres desconocen y que son inevitables. ¿Quién duda de que su mujer, sea bella o no, se libre del juicio del vulgo? Si es considerada hermosa, ¿quién duda de que no tenga enseguida muchos pretendientes y que unos con su belleza, otros con su nobleza, elogios maravillosos, dones o amabilidad no atacarán incesablemente su ánimo inestable? Y lo que muchos desean difícilmente se defiende: al honor de las mujeres le basta con ser violado una sola vez para que ellas se manchen de infamia y los maridos sufran eternamente. Miramos muy abiertamente a las más bellas y enseguida nos arrepentimos; si, para desgracia de quienes las han llevado a su casa, las esposas son feas, ¿qué podemos pensar de ellas sino que odian, no sólo a las que son hermosas, sino los lugares hacia donde han mirado los maridos, que tienen que estar siempre pendientes de ellas? Y así nacen las iras: ninguna fiera es tan cruel como una mujer airada. Y tampoco puede vivir seguro cualquiera que se comprometa con una: que considere que su enfado es razonable, porque así les parecerá a todas.

¿Qué diré de sus costumbres? Si quisiera mostrar cómo y hasta qué punto todas son contrarias a la paz y al reposo de los hombres, transformaría mi razonamiento en un sermón demasiado largo, por eso me bastará con mencionar un hábito, común a casi todas las mujeres. Se imaginan que lo mejor es mantener en la casa hasta al sirviente más ínfimo y que lo peor es echarlo, porque consideran que, al actuar bien, correrán la suerte de un mero criado, cuando lo que las hace mujeres es su capacidad de escapar dicho destino a pesar de haber actuado mal. ¿Por qué quiero explicar lo que la mayoría ya sabemos? Considero que es preferible callar que desagradar—hablando—a las deliciosas mujeres. ¿Quién no sabe que, antes de que compremos algo, la mujer tiene que probarlo para que no le desagrade incluso antes de que lo llevemos a casa? Y le conviene a aquel que compra aceptar, no lo que quiere, sino lo que le concede la Fortuna. Y si es cierto lo que he dicho antes (lo sabe quien lo ha probado), podemos imaginar cuántos dolores ocultan las habitaciones que, desde fuera, para quien no tiene ojos cuya perspicacia atraviesa los muros, se consideran deleites. Por supuesto, no digo que Dante viviera todo esto, porque no lo sé, pero es verdad que cosas parecidas a estas u otras que las provocaron tuvo que vivirlas, porque una vez se separó de ella (que le había sido dada para consuelo de sus afanes), nunca quiso ir donde estaba y tampoco le ofreció que fuera a verlo, aunque fuera padre de varios hijos suyos. Pero que no se crea que yo, por lo dicho hasta ahora, pretendo concluir que los hombres no tienen que tomar esposa, es más, los admiro mucho (no a todos). Que los filósofos dejen el matrimonio para los ricos bobos, para los señores y los trabajadores, y ellos sigan deleitándose con la filosofía, que es una esposa mucho mejor que cualquier otra.

Es parte de la naturaleza general de las cosas temporales que una acarrea a otra. La responsabilidad familiar llevó a Dante al compromiso ciudadano, los honores vanos que acompañan a los oficios públicos lo enredaron tanto que, sin mirar de dónde venía y hacia dónde iba, sin dudar se entregó casi por completo al gobierno. Y la Fortuna lo secundó tanto que en Florencia no se escuchaba embajada ni se contestaba a ninguna, no se promulgaba ni se abrogaba ley alguna, no se declaraba guerra o paz alguna, en fin, no se tomaba deliberación alguna (de cierto valor) si él no expresaba antes su opinión. Toda fe pública, toda esperanza, todas las cosas divinas y humanas parecían haberse depositado conjuntamente en él. Pero la Fortuna, que dirige nuestras decisiones y es enemiga de todo estado humano, como gloriosamente lo mantuvo en la cumbre de su rueda durante muchos años, así le reservó un final muy distinto del principio, a él que confió demasiado en ella.

En los tiempos de Dante, los florentinos estaban muy perversamente divididos en dos bandos, ambos muy poderosos por las operaciones de sus sagaces y avenidos seguidores, aunque ora uno, ora otro gobernaban más de lo que le hubiera gustado al rival. Dante dedicó todo su ingenio, su arte y estudio al deseo de unificar el cuerpo dividido de la república, mostrando a los ciudadanos más sabios cómo las grandes intenciones se convierten en nada a causa de la discordia, mientras las pequeñas crecen sin límites cuando hay concordia. Pero cuando se dio cuenta de que sus esfuerzos eran vanos y conoció los ánimos de los obstinados a quienes se dirigía, primero (creyendo en un designio divino) se propuso dejar todo cargo público y seguir viviendo en privado. Luego, atraído por la dulzura de la gloria y por el vano favor del pueblo y más por las persuasiones de los notables, creyó que, con el tiempo, podría beneficiar más a su ciudad cubriendo un oficio público en vez de apartándose de la política.

¡Oh, vaguedad de los esplendores humanos, tan grandes son tus fuerzas que quien no los ha vivido no puede entenderlo! El hombre maduro y criado, alimentado y amaestrado en el santo seno de la filosofía, viendo ante sus ojos el decaimiento de los reyes antiguos y modernos, la desolación de los reinos, de las provincias y ciudades y los ímpetos furiosos de la Fortuna (que golpean sobre todo a los que están más alto), no supo o no pudo resistirse.

Dante decidió firmemente perseguir los honores fugaces y la pompa vana de los oficios públicos. Viendo que por sí solo no podía defender una posición distinta de las dos dominantes que, por su justicia, neutralizara la injusticia de estas dos y las unificara, se acercó a aquella que, en su opinión, era más justa y razonable, porque actuaba continuamente a favor de su patria y de sus ciudadanos. Pero las decisiones humanas muchas veces acaban vencidas por las fuerzas del cielo. El odio y la animosidad, aunque habían nacido sin razón, aumentaban cada día, mientras en varias ocasiones—y entre la confusión de los ciudadanos—se llegó a las armas con la intención de acabar la lucha con el fuego y el hierro: tan cegados estaban por la ira que no veían que ellos también perecían. Cuando cada una de las partes dio muestras de sus fuerzas con daños recíprocos, llegó el momento en que se desvelaron las decisiones ocultas de la amenazante Fortuna: la fama—portadora a la vez de verdad y falsedad—anunció que los adversarios de la parte de Dante contaban con protección y consejos maravillosos y con multitudes de milicias armadas. Y los jefes de los compañeros de Dante se asustaron tanto que abandonaron cualquier deliberación y reflexión que no fuera preservar su salud huyendo. Y con ellos, Dante, derribado en un instante del gobierno de su ciudad, no solamente se vio arrojado al suelo, sino expulsado de ésta. No muchos días después de su exilio, cuando el populacho había corrido a las casas de los desterrados y las había saqueado y vaciado con furia, cuando los ganadores consiguieron que las leyes ciudadanas se reformaran según su intención, los mejores de sus adversarios—y Dante entre ellos, como uno de los principales—fueron declarados enemigos capitales y condenados al exilio permanente y sus bienes fueron confiscados públicamente o entregados a los ganadores.

¡Éste fue el premio que le rindió a Dante su tierno amor por la patria, el premio por haber querido eliminar la discordia en su ciudad, el premio por haber buscado con devoción absoluta el bien, la paz y la tranquilidad de sus conciudadanos! Es evidente cuán vacío de verdad está el favor del pueblo y qué poca confianza se puede depositar en él. Aquel que hasta hace poco parecía el depositario de toda esperanza pública, de todo deseo ciudadano, de todo respaldo popular, de pronto y sin ninguna razón legítima, sin ofensa ni pecado, por aquella misma voz que antes lo había elogiado hasta las estrellas fue condenado al exilio irrevocable. ¡Fue ésa su estatua de mármol para conmemorar eternamente su virtud! ¡Con esas letras su nombre se escribió entre los de los padres de la patria en tablas de oro! ¡Con esta fama tan favorable se le agradecieron sus beneficios! ¿Y quién dirá ahora que nuestra república no iba coja?

Confianza vana de los mortales, por cuántos ejemplos altísimos eres constantemente amonestada y castigada: si Camilo, Rutilio, Coriolano, los Escipiones y el resto de antiguos valientes se te han olvidado por el paso del tiempo, que esta caída reciente te haga correr con riendas más moderadas hacia tus placeres. Nada tiene menos estabilidad que la gracia popular, ninguna esperanza ni consejo son más imprudentes que aquellos que consuelan al creer en ellos. Que se levanten los ánimos al cielo, en cuya ley perpetua, en cuyos eternos esplendores, en cuya verdadera belleza se podrá conocer, sin oscuridad alguna, la estabilidad de Aquel que todo lo gobierna. Y que en Él como límite firme, renunciando a todas las cosas transitorias, se detenga toda esperanza, si no queremos descubrirnos engañados.

Tras partir de esta manera de aquella ciudad de la cual no sólo era ciudadano, sino que había sido reedificada por sus antepasados; y tras dejar allí a su esposa y a sus hijos, que no podrían huir por su pequeña edad, con la tranquilidad de que ellos estarían a salvo, porque ella estaba emparentada con algunos de los jefes del bando contrario, pero incierto acerca de su propio futuro, fue vagando por la Toscana, por aquí y por allá. Algunas parcelas de su propiedad habían sido defendidas con fatiga por su mujer ante la rabia ciudadana (en virtud de la dote). Ella y sus pequeños hijos vivían parcamente de sus beneficios. Por tanto, él se encontró pobre, enfrentado a dificultades a las que no estaba acostumbrado, y tuvo que proveerse de su propio sustento. ¡Cuántos desdenes honestos tuvo que posponer, para él más duros de atravesar que la muerte, con la esperanza de que fueran breves y que la vuelta estuviera cerca!

Más allá de sus previsiones, tras volver de Verona (donde se había dirigido al principio de la huida, recibido con generosidad por micer Alberto della Scala), pasó muchos años honrado, ora por el conde Salvatico en el Casentino, ora por el marqués Morruello Malespina en la Lunigiana, ora por los de la Faggiuola en las montañas cerca de Urbino, según los tiempos y la disponibilidad de sus anfitriones. Luego se fue a Bolonia y, tras una breve estancia, se trasladó a Padua y de allí volvió a Verona. Cuando vio que el camino hacia el regreso se cerraba por todos los frentes y su esperanza se volvía vana día tras día, abandonó la Toscana y la propia Italia, cruzando los montes que la separan de la provincia de Galia. Y en cuanto pudo fue a París. Allí se dedicó por completo a la filosofía y a la teología, recuperando de las otras disciplinas lo que tal vez había olvidado por los problemas a los que había tenido que enfrentarse.

Mientras Dante empleaba su tiempo estudiando, Arrigo (conde de Luxemburgo), por voluntad y mandado del papa Clemente V (que entonces ocupaba la sede pontificia) fue elegido de forma inesperada rey de los romanos y después coronado emperador. Cuando Dante supo que el emperador había salido de Alemania para conquistar una Italia en parte rebelde a su coronación, y que ya había sitiado Brescia con brazo poderosísimo, previó que por muchas razones resultaría ganador: su fuerza y justicia renovaron la esperanza de poder volver a Florencia, aunque sabía que la ciudad estaba en contra de su majestad. Una vez atravesados los Alpes, con muchos enemigos de los florentinos que ahora lo apoyaban, con embajadas y cartas, Dante y sus compañeros se empeñaron para que el emperador dejara el sitio de Brescia y se impusiera en Florencia como representante principal de sus enemigos. Y le mostraron que, tras conquistarla, no le quedaría ninguna resistencia (o sólo alguna, mínima) para liberar los territorios y dominar toda Italia. Dante y sus compañeros consiguieron que sitiara Florencia, pero su llegada no produjo el éxito esperado: la resistencia fue grandísima, mucho mayor de lo que habían imaginado, así que el emperador, sin haber hecho nada notable, se fue casi desesperado y redirigió su camino hacia

Roma. Aunque hizo mucho en un lugar y en el otro, mucho ordenó y se propuso hacer, su muerte demasiado precoz lo interrumpió todo. Por eso todos los que confiaban en él empezaron a desesperarse, sobre todo Dante: tras renunciar a la posibilidad de volver a Florencia, cruzó los Apeninos y se fue a la Romaña, donde lo aguardaba su último día, que pondría fin a sus fatigas.

En aquellos tiempos era señor de Rávena—famosa y antigua ciudad de la Romaña—un noble caballero cuyo nombre era Guido Novello da Polenta. Educado en los estudios liberales, admiraba mucho a los hombres valiosos y sobre todo a los que superaban a los demás por sus conocimientos. Cuando supo que Dante, perdida toda esperanza, se encontraba desencantado en la Romaña (desde hacía tiempo conocía su valor, debido a la fama que lo precedía), se dispuso a recibirlo y a honrarlo. No esperó que él se lo pidiera, sino que—con ánimo liberal y teniendo en cuenta la vergüenza que para los hombres valiosos supone pedir ayuda—le ofreció y le pidió como gracia especial lo que sabía que Dante debería pedirle a él, es decir, alojamiento. Confluyeron, pues, las dos voluntades (por parte de quien pedía y de quien concedía) hacia el mismo fin, y como Dante apreciaba mucho la liberalidad del caballero y, por otro lado, la necesidad apretaba, aceptó la primera invitación y se fue a Rávena. Allí fue recibido con honores por el señor de la ciudad, quien resucitó la esperanza caída con apacible consuelo, le donó copiosamente todo lo oportuno y lo hospedó durante muchos años, hasta el último de la vida de Dante.

Los deseos amorosos, las lágrimas dolidas, el cuidado hogareño, la gloria complaciente de los oficios públicos, el exilio miserable, la pobreza intolerable: nada pudo jamás apartar a nuestro Dante de su objetivo principal, es decir, los sagrados estudios. Por eso él (como se verá en la parte dedicada a sus obras), en medio de cualquiera de las fieras pasiones que acabamos de mencionar, siempre se ejercitó en componer versos. Y si a pesar de tantos y tales adversarios (que hemos mencionado), movido por la fuerza de su ingenio y de su perseverancia, fue tan brillante como es evidente, ¿en qué podría haberse convertido si hubiera tenido aliados o al menos a nadie en contra, o poquísimos, como le ocurre a la mayoría? Claro, yo no lo sé, pero si fuera lícito decirlo, afirmaría que en la Tierra se habría convertido en un dios.

Dante residió en Rávena varios años, tras abandonar toda esperanza de volver a Florencia (aunque el deseo permaneció siempre), bajo la protección del cortés señor. Allí, con sus demostraciones, conquistó a muchos admiradores de la poesía en lengua vulgar. Lengua que, en mi opinión, él fue el primero entre nosotros, los itálicos, que exaltó y apreció, al igual que Homero entre los griegos y Virgilio entre los latinos. Antes que él, aunque se crea que el idioma vulgar no se había utilizado durante mucho tiempo, nadie se atrevió o quiso utilizarlo para construir versos y rimas y convertirlo en instrumento de expresión de temas morales, es más, sólo se usaba para temas amorosos y ligeros. Dante mostró con eficacia que cualquier materia elevada puede tratarse en nuestra lengua vulgar, que él volvió más gloriosa que cualquier otra.

Sin embargo, a cada uno se nos asigna una hora: cuando él se encontraba en la mitad o cerca de sus cincuenta y seis años, enfermó y recibió, según la religión cristiana, los sacramentos eclesiásticos con humildad y devoción, y se reconcilió con Dios, tras arrepentirse de todos los pecados cometidos. Y en el mes de septiembre del año de Cristo de 1321, en el día en que la Iglesia celebra la exaltación de la Cruz, no sin grandísimo dolor del mencionado Guido y de todos los ciudadanos de Rávena, Dante entregó su fatigado espíritu a su creador. Y no dudo de que fue bien recibido en los brazos de su nobilísima Beatrice: con ella, abandonadas las miserias de la vida presente, vive dichosamente ante El que es el bien sumo, en la vida cuya felicidad jamás termina.

Según dispuso el magnánimo caballero, el cuerpo muerto de Dante fue decorado con ornamentos poéticos en su lecho fúnebre; los ciudadanos más solemnes lo llevaron a hombros hasta el lugar de los frailes menores en Rávena, con el honor que le correspondía, acompañado hasta allí por el llanto público, y lo depositaron en un sepulcro de piedra, donde todavía yace. Cuando volvió a la casa en la que Dante había vivido, según la costumbre de Rávena, el propio Guido pronunció un largo y ornado discurso, para elogiar la alta ciencia y la virtud del difunto y consolar a sus amigos, que había dejado en una vida amarga. Y resolvió que, si el estado y la duración de su vida lo permitían, lo honraría con tan egregia sepultura para que quedara memoria de su existencia para los venideros, si sus méritos no lo convertían ya en memorable.

Este loable propósito se difundió rápidamente entre los que en aquel tiempo eran poetas solemnes en la Romaña, así que todos—para mostrar su capacidad o para rendir testimonio de su benevolencia hacia el poeta muerto o para conquistar la gracia y el amor del señor cuyos deseos conocían—compusieron versos que aseguraran a la posteridad el valor de quien allí yacía, a modo de los epitafios de la futura tumba, y se los enviaron al magnífico caballero. Éste, por un gran pecado de la Fortuna, no mucho tiempo después y tras perder sus territorios, murió en Bolonia. Por eso, tanto la construcción del sepulcro como la colocación de los versos no se llevaron a cabo.

Me mostraron aquellos versos poco tiempo después: ya que no se expusieron por lo que acabo de explicar y pensando en estas páginas que estaba escribiendo (aunque no aparezcan en el sepulcro, sí son, como lo habrían sido aquellos versos, testimonio perpetuo de la memoria de Dante), consideré que no era inapropiado añadirlos aquí. Y como no se habrían esculpido en el mármol más que los versos de un poeta (fueron muchos los que escribieron), decidí transcribir los de uno solo. Tras examinarlos todos, estimé que los versos más dignos, por arte y por entendimiento, eran los catorce compuestos por el maestro Giovanni del Virgilio, de Bolonia, en aquel entonces famosísimo poeta y amigo muy cercano de Dante.

Y son los siguientes:

Theologus Dantes, nullius dogmatic expers
quod foveat claro phylosophya sinu:
gloria musarum, vulgo gratissimus auctor,
hic iacet, et fama pulsat utrunque polum:
qui loca defunctis gladiis regnumque gemellis
distribuir, laycis rhetoricisque modis.
Pascua Pyeriis demum resonabat avenis;
Amtropos heu letum livida rupit opus.
Huic ingrata tulit tristem Florentia fructum,
exilium, vati patria cruda suo.
Quem pia Guidonis gremio Ravenna Novelli
gaudet honorati continuisse ducis,
mille trecentis ter septem Numinis annis,
ad sua septembris ydibus astra redit.

[Dante, teólogo que domina toda doctrina | que la filosofía nutre en su seno: | gloria de las musas, autor amadísimo por el pueblo, | aquí yace y su fama se expande por doquier: | atribuyó su ubicación a los difuntos, el reino a dos poderes, | escribiendo en estilo popular y en retórico. | Cantaba los pastos con las gaitas de las Piérides, | pero la lívida Átropos cortó su agradable canto. | Florencia, ingrata con su poeta, | le entregó el fruto amargo del exilio. | La pía Rávena goza de haberlo acogido | en el vientre de su honrado señor Guido Novello. | En el año de Cristo de mil trescientos veintiuno, | en los idus de septiembre volvió al cielo].

Oh, patria ingrata, ¿qué demencia, qué descuido te tomaron cuando con crueldad desusada pusiste en fuga a tu queridísimo ciudadano, a tu principal benefactor, a tu único poeta, y después te mantuviste firme en tu decisión? Si tal vez fuiste mal aconsejada por la furia de aquel tiempo, ¿por qué, cuando la ira se aplacó y volvió la tranquilidad en los ánimos, no te arrepentiste y revocaste la expulsión? Mira, que no te moleste estar sometida a mi juicio, que soy hijo tuyo, y recibe lo que una indignación justificada me hace decir como hombre que desea que hagas enmienda y no que seas castigada. ¿No te pareció, gloriosa por tantos y tales títulos, que él era tan único que ninguna ciudad cercana podía exaltar a nadie parecido, y tú lo has echado? Venga, dime: ¿qué victorias, qué triunfos, qué excelencias, qué ciudadanos valiosos te hacen resplandecer? Tus riquezas (móviles e inciertas), tus bellezas (frágiles y caducas), tu estilo de vida acomodado (reprochable y femenino) te vuelven conocida en el falso juicio de los pueblos, que siempre tiene en cuenta más la apariencia que la existencia. Adelante, ¿te vanagloriarás de los mercaderes y artesanos que llenan tus calles? Actuarás neciamente: el de los primeros fue un oficio servil, movido continuamente por la avidez; la artesanía, que un tiempo fue ennoblecida por los ingenios (la convirtieron por imitación en una segunda naturaleza), hoy está corrompida por la misma avaricia y no vale nada. ¿Te vanagloriarás de la vileza y la desidia de los que quieren conseguir el principado por su nobleza, porque se acuerdan de sus muchos antepasados, y siempre actúan en contra de la verdadera nobleza, con robos y traiciones y falsedad? La tuya será gloria vana, humillada por los que opinan con fundamento debido y con firmeza estable.

Ay, mísera madre, abre los ojos y observa con remordimiento lo que hiciste y avergüénzate al menos, siendo considerada y sabia como eres, por haber tomado decisiones equivocadas. Si por ti misma no tenías capacidad de juzgar, ¿por qué no imitabas los actos de aquellas ciudades que todavía son famosas por sus obras encomiables? Atenas, que fue uno de los ojos de Grecia, cuando ésta era la monarquía del mundo, por ciencia, elocuencia y por espléndida milicia; Argos, aún pomposa por los títulos de sus reyes; Esmirna, que respetamos perpetuamente por Nicolás, su pastor; Pilos, conocidísima por el viejo Néstor; Kimi, Quíos y Colofón, ciudades muy espléndidas en el pasado, todas juntas, aunque fueron más gloriosas, no se avergonzaron ni dudaron en disputarse el origen del divino poeta Homero, afirmando cada una de ellas que allí nació y presentando argumentos a favor tan sólidos que la cuestión aún pervive y no sabemos de dónde venía realmente, porque de la misma forma todas aún se vanaglorian de tan ilustre ciudadano. ¿Y a Mantua, nuestra vecina, qué fama le ha quedado además de haber sido Virgilio mantuano? Su nombre es tan reverenciado y deseado que no solamente en los lugares públicos, sino también en muchos privados, se ve su efigie, mostrando así que, aunque su padre fuera cantarero, Virgilio los ennobleció a todos. Sulmona por Ovidio, Venosa por Horacio, Aquino por Juvenal, y muchas otras, cada una se vanagloria de su poeta y defiende su grandeza. No era vergonzoso para ti seguir el ejemplo de estas ciudades, que no sin razón fueron premurosas y amables con sus nobles ciudadanos. Supieron lo que tú misma hubieras podido y puedes aún saber, es decir: que las obras perennes de los poetas habrían podido garantizar la fama de su nombre incluso después de su destrucción, así como, divulgándolas por el mundo en el presente, hacen que puedan conocerlas los que jamás las visitarán.

Sólo tú, oscurecida por no sé qué ceguera, has querido seguir otro camino y no has custodiado al esplendor de Dante como si brillara en ti. Sólo tú, como si los Camilos, los Publicolos, los Torquatos, los Fabricios, los Catones, los Fabios y los Escipiones ya te hicieran famosa con sus obras magníficas y estuvieran en ti (tras dejarte tu antiguo ciudadano Claudiano), no has protegido al presente poeta, sino que lo has expulsado y, si hubieras podido, lo habrías despojado incluso de su nombre. No puedo evitar avergonzarme en tu lugar. No la Fortuna, sino el curso de la naturaleza de las cosas ha sido favorable a tu apetito deshonesto. Con su ley eterna ha cumplido lo que tú de buena gana, bestialmente deseosa, hubieras hecho con tus propias manos si hubieras podido, es decir: matarlo. Tu Dante Alighieri ha muerto en aquel exilio al que tú, injustamente, envidiosa de su valía, lo condenaste. ¡Oh, es un pecado que no hay que recordar, que la madre sienta rencor por las virtudes de uno de sus hijos! Ahora bien, estás libre de preocupaciones, ahora por su muerte vives segura en tus defectos y puedes poner fin a tus largas e injustas persecuciones. Muerto, él no puede hacerte lo que nunca en vida te habría hecho, yace bajo otro cielo que no es el tuyo, ni puedes esperar volver a verlo sino el día en que podrás ver a todos tus ciudadanos y sus culpas serán examinadas y castigadas por un juez justo.

Pues si los odios, las iras y las enemistades terminan con la muerte de quien muere (como se cree), empieza a volver en ti misma y en tu plena capacidad de juzgar; empieza a avergonzarte de haber actuado en contra de tu antigua humanidad; empieza a querer ser madre y ya no enemiga. Concédele a tu hijo las lágrimas debidas, concédele la piedad materna y desea, al menos, volver a tenerlo como muerto al que rechazaste y expulsaste en vida como sospechoso. Ríndele tu ciudadanía, tu seno, tu gracia a su memoria. En verdad, aunque fuiste ingrata y soberbia, él siempre te respetó como hijo y nunca quiso privarte del honor que te correspondía por sus obras, mientras tú lo privaste de tu ciudadanía. Por muy largo que fuera el exilio, siempre se proclamó y quiso ser reconocido como florentino, siempre te antepuso a cualquier otra, siempre te quiso. ¿Qué harás, pues? ¿Seguirás en tu iniquidad obstinada? ¿Habrá en ti menos humanidad que en los bárbaros, que pedían los cuerpos de sus muertos y, para conseguirlos, estaban virilmente dispuestos a morir?

Quieres que el mundo te crea nieta de la famosa Troya e hija de Roma: y, claro, los hijos tienen que parecerse a sus padres y a sus antepasados. Príamo, en su miseria, no sólo pidió el cadáver de Héctor, sino que lo compró con oro. Los romanos, según creen algunos, hicieron trasladar desde Miturna los huesos del primer Escipión, que él mismo con razón vetó en su muerte. Y aunque Héctor defendió a los troyanos largamente con sus proezas y Escipión liberó no solamente Roma sino toda Italia (tal vez ninguna de las dos cosas pueda decirse propiamente de Dante), no por eso hay que posponer el regreso del poeta, porque ni una vez las armas dieron paso a la ciencia. Si tú (en primer lugar y cuando más te habría convenido) no imitaste el ejemplo y las obras de las ciudades sabias, haz enmienda en el presente, sigue su ejemplo. Ni una de las siete mencionadas concedió una sepultura, real o ficticia, a Homero. ¿Y quién duda de que los mantuanos, que siguen reverenciado la pobre casa y los campos que pertenecieron a Virgilio en Piettola, no le habrían concedido una sepultura honorable si Octaviano Augusto (que trasladó sus huesos desde Brandizio a Nápoles) no hubiera ordenado que allí encontraran reposo perpetuo? Sermona nunca lloró nada tan largamente como que la isla de Ponto guarde a su Ovidio en un lugar incierto y así Parma se alegra de tener a Cassio. Pues tú intenta ser guardiana de tu Dante, pide su cuerpo, muestra esta humanidad, presuponiendo que no quieras tenerlo de vuelta, quítate con esta ficción parte de la reprobación por tu actitud anterior: pide su cuerpo.

Estoy seguro de que no te será devuelto y, al haberte mostrado piadosa, gozarás por no haberlo conseguido: es tu crueldad innata. ¿Por qué sigo incitándote? Ni me creo, si los cuerpos muertos pueden sentir algo, que el de Dante podría partir de donde está para volver a ti. Yace en compañía más loable de la que tú le podrías dar, en Rávena, por edad mucho más venerada que tú, y aunque su vejez la vuelve algo decadente, en su juventud fue mucho más próspera de lo que tú eres. Es casi un sepulcro general de cuerpos santísimos, todo lo que se pisa en ella guarda cenizas admirables. ¿Quién desearía volver a ti para yacer entre las tuyas, que aún conservan la rabia y la iniquidad recibidas en vida y se alejan una de la otra en discordia, como hicieron las llamas de los tebanos? Rávena se tiñó casi toda de la sangre preciosa de muchos mártires y hoy conserva con reverencia sus reliquias y, de la misma forma, los cuerpos de muchos emperadores magníficos y de otros hombres famosísimos por sus antepasados o por sus obras virtuosas. Y se alegra mucho porque Dios le concedió, además de todas sus dotes, que fuera la guardiana perpetua de semejante tesoro, como es el cuerpo del poeta cuyas obras tienen a todo el mundo admirado y del cual tú no supiste ser digna. Pero seguramente la alegría por tenerlo a él no equipara la envidia que siente hacia ti, porque tú eres su origen, casi desdeñando que cuando ella sea recordada por el último día del poeta, tú seas nombrada antes por su nacimiento. Por eso te quedas con tu ingratitud y que Rávena se vanaglorie de tus honores entre los venideros.

Como se ha demostrado, así fue el final de la vida de Dante (tan fatigada por los varios estudios). Me parece haber explicado, muy convenientemente y según mi promesa, sus pasiones juveniles, el celo familiar y público y el exilio miserable. Ahora considero oportuno mostrar la estatura de su cuerpo, de su vestimenta y más en general de las inclinaciones que mantuvo en su vida. Y de ahí pasaré inmediatamente a las obras dignas de mención, que él compuso en su tiempo, agitado por tanta tempestad como brevemente he relatado.

Nuestro poeta era de estatura mediocre. Cuando llegó a la edad madura, caminaba algo encorvado, su andar era grave y dócil, siempre iba vestido de manera honesta y según el estilo que le correspondía a su madurez. Su rostro era largo y la nariz aquilina, los ojos más bien grandes, las mandíbulas amplias y el labio superior sobresalía por encima del inferior. El tono de su piel era bruno, el pelo y la barba espesos, negros y crespos, y la expresión siempre melancólica y pensativa. Un día, en Verona, cuando la fama de sus obras ya era muy difundida y—sobre todo por aquella parte de su *Comedia* que él titula *Infierno*—él era muy conocido por hombres y mujeres, al pasar ante una puerta donde varias mujeres estaban sentadas, una de ellas, en voz baja (pero no tan baja como para que él y quien lo acompañaba no lo oyeran), le dijo a las otras: «Mujeres, ¿veis a aquel que baja al infierno y vuelve cuando quiere y trae noticias de los que están allí abajo?». Una de ellas contestó ingenuamente: «Dices la verdad, ¿no ves su barba crespa y el color moreno por el calor y el humo que hay allí abajo?». Al oír estas palabras y sabiendo que procedían de la pura ingenuidad de las mujeres, casi se alegró de que ellas tuvieran esta opinión, sonrió y siguió caminando.

En sus costumbres domésticas y públicas siempre fue admirablemente ordenado y compuesto y, más que todos, amable y civil.

En la comida y la bebida fue muy modesto, tomándolas en las horas correspondientes y sin superar el límite de la necesidad, tampoco tuvo más curiosidad por una que por la otra. Alababa la delicadeza y se alimentaba de formas no excesivamente exquisitas, es más, reprochaba a los que ponen gran parte de su dedicación en conseguir cosas selectas y prepararlas con extremo cuidado, afirmando que éstos no comen para vivir, sino que viven para comer.

Ningún otro fue más atento que él en los estudios y en cualquier otro deseo, aunque en varias ocasiones su mujer y su familia se resintieron, pero cuando se acostumbraron a su forma de ser ya no le dieron importancia.

Raras veces hablaba sin ser interpelado y lo hacía gravemente y con voz adecuada a la materia que trataba, sin embargo, cuando la ocasión lo requería, era elocuentísimo y fecundo y siempre con dicción óptima y pronta.

En su juventud se deleitó sumamente con sonidos y cantos, fue amigo y estuvo cerca de todos los que en sus tiempos eran excelentes músicos o cantantes y compuso muchas canciones, animado por este deleite, para que ellos le pusieran con pericia notas agradables.

Cuán fervientemente estuvo sometido al amor, ya lo he explicado con claridad. Es firme creencia de todos que este amor movió su ingenio para que se convirtiera, primero por imitación, en poeta en lengua vulgar; luego, por deseo de mostrar sus pasiones con más solemnidad y por el ejercicio diligente en aquella lengua, no solamente superó en gloria a todos sus contemporáneos, sino que abrillantó la lengua vulgar y la hizo hermosa. Muchos, entonces y después de él, hizo y hará deseosos de convertirse en expertos.

De la misma forma se recreaba por ser solitario y estar aislado de su gente, para que sus contemplaciones no le interrumpieran. Y si un pensamiento que le fascinaba se le ocurría mientras estaba entre la gente, si alguien le interpelaba no contestaba jamás, antes de haber aprobado o rechazado las conclusiones de su imaginación. Solía pasarle a menudo, mientras estaba comiendo o paseando en compañía.

Fue muy constante en sus estudios, a los que dedicó todo el tiempo del que disponía, hasta el punto de que ninguna novedad que escuchara podía apartarlo de ellos. Según cuentan algunos dignos de fe sobre este entregarse por completo a algo que le gustaba, una vez en Siena acabó por accidente en la tienda de un boticario, donde le habían dejado un libro (famoso entre los hombres valiosos) que él no había leído. Como no podía llevarlo a otro lugar, se apoyó en el mostrador del boticario y empezó a examinar el libro con avidez. Y aunque poco después, por alguna fiesta de la ciudad, en aquel mismo barrio varios jóvenes nobles empezaron a combatir amistosamente, el ruido se intensificó mucho (como suele ocurrir en estos casos, con instrumentos varios, voces y aplausos) y ocurrieron otras cosas que habrían invitado a cualquiera a mirar (como bailes de mujeres hermosas y combates entre jóvenes), nadie lo vio levantar la mirada del libro. Es más, empezó a leer hacia el mediodía, y cuando anocheció ya lo había leído y casi comprendido todo, y sólo entonces se levantó. Y a quienes le preguntaban cómo había podido no darse cuenta de la fiesta tan hermosa que había ocurrido delante de él, contestaba que no había oído nada. Y a la primera sorpresa, por su actitud, se le añadió la segunda, por su concentración.

Era un poeta de una capacidad maravillosa, de memoria muy firme y de inteligencia perspicaz: cuando estuvo en París, mientras argumentaba una disputa *de quodlibet* (se solía hacer en las escuelas de teología), memorizó catorce cuestiones planteadas por distintos hombres valiosos y en materias diferentes, con los argumentos a favor y en contra propuestos por los oponentes, y las recitó sin interrupción y ordenadamente, tal como habían sido planteadas. Y siguiendo el mismo orden, sutilmente las resolvió contrastando los argumentos contrarios. Los presentes consideraron que había sido casi un milagro.

De la misma forma tuvo ingenio elevadísimo y capacidad de invención muy sutil, como sus obras manifiestan a los entendidos mucho más de lo que mis letras podrían hacer.

Deseó con ahínco el honor y la pompa, más de lo que le hubiéramos pedido a su innata virtud. ¿Y qué? ¿Qué vida es tan humilde que no pueda ser tentada por la dulzura de la gloria? Y por este deseo creo que amaba la poesía más que cualquier otra actividad: veía que la excelencia de la filosofía, que supera en nobleza a todas las demás disciplinas, podía comunicarse con pocos que ya eran muy famosos, mientras que la poesía era más clara y agradable para todos y los poetas seguían siendo rarísimos. Por eso, esperando conseguir por la poesía el honor pomposo e inusual de la corona de laurel, se entregó por completo a ella, estudiando y componiendo. Y su deseo se habría cumplido si la Fortuna hubiera sido amable y hubiera podido volver a Florencia, en la cual se había dispuesto coronar a los ilustres en la fuente del baptisterio de San Giovanni: aquí recibió su primer nombre con el bautizo y aquí recibiría el segundo, el de poeta, con la coronación. Pese a que su capacidad fuera mucha y por ella habría podido conseguir el honor de ser laureado donde hubiera querido (la laurea, por cierto, no incrementa el conocimiento, sino que es testimonio y ornamento de su adquisición), a la espera de aquel regreso que nunca se dio, se murió sin haber recibido el honor tan deseado. Como se discute apasionadamente sobre qué es la poesía y quién es el poeta, y de dónde viene el nombre y por qué los poetas se coronan con laurel (y me parece que pocos lo han explicado), me gustaría hacer aquí una breve digresión, antes de volver lo antes posible a mi propósito.

Las gentes de los primeros siglos, si bien brutas e incultas, sintieron el deseo ardiente y solícito de conocer la verdad (aún hoy comprobamos que cada persona desea lo mismo de manera natural). Observando que el cielo se movía siempre según la misma ley y que los eventos en la Tierra se sucedían según cierto orden y producían resultados diversos en tiempos diversos, pensaron que necesariamente habría algo de donde todo procediera y que todo lo ordenara, una potencia superior no sujeta a ninguna otra. Tras una búsqueda atenta, la nombraron «divinidad» (es decir, «deidad») e imaginaron que tendrían que venerarla en cada estación, con todos los honores y con el servicio humano. Para reverenciar el nombre de esta potencia suprema, construyeron edificios amplios y egregios, que consideraron oportuno separar también a través de su nombre, pues tenían formas distintas a las casas que los hombres solían habitar, y los llamaron «templos». También seleccionaron a distintos ministros para que se convirtieran en sagrados—venerables más que los demás por madurez, por edad y por hábito—, los removieron de toda ocupación mundana para que se dedicaran sólo al servicio divino y los llamaron «sacerdotes». Además, para representar a la imaginada esencia divina, tallaron estatuas magníficas de varias formas y, en su servicio, hicieron vasijas de oro, tablas de mármol, vestimentas purpúreas y otros enseres pertinentes a los sacrificios que establecieron.

Para que se rindiera honor a esta potencia de forma explícita, les pareció que había que aplacarla con palabras solemnes y volverla así propicia a las necesidades humanas. Siendo la deidad superior por nobleza a todas las cosas, quisieron que se encontraran palabras dignas de ser pronunciadas ante ella, lejos del lenguaje común y cotidiano, para venerarla y suplicarla. Además, para que estas palabras tuvieran más eficacia, quisieron que se compusieran respetando la ley de ciertos números que produjera dulzura o alejara la preocupación y el aburrimiento. Por supuesto, se decidió que no se utilizaran formatos populares o conocidos, sino que se creara una nueva y exquisita forma, con artificio. Los griegos la llamaron *poetes* y de allí procede que todo lo que se haga según este formato se llame *poesis*. A los que crearon y usaron esta forma de hablar los nombraron «poetas».

Pues éste fue el origen del nombre de la poesía y, en consecuencia, de los poetas: aunque otros mencionen otras razones—ciertas, tal vez—, ésta me gusta más.

La buena intención de los antiguos provocó que muchos inventaran nuevos dioses y éstos se multiplicaron para afirmarse. Si las primeras comunidades veneraban a una sola deidad, las siguientes tuvieron varias y afirmaban que una sola era la más importante: muchos quisieron que fueran el Sol, la Luna, Saturno, Júpiter y cada uno de los siete planetas, argumentando su naturaleza divina por los efectos que producían en la Tierra. Y de ahí explicaron que todo lo que resultaba útil para los hombres, aunque le perteneciera a la Tierra, era una deidad, como el fuego, el agua, la tierra y parecidos. Y se encargaron versos y honores y sacrificios para todas estas divinidades.

Luego, varios hombres en varios lugares, con ideas de un signo u otro, empezaron a destacar en sus círculos: determinaron cuestiones brutas, no según una ley escrita, pues aún no la tenían, sino a partir de una equidad natural de la cual uno se suponía más dotado que otro; ordenaron sus vidas y costumbres, iluminados por la naturaleza misma; resistieron con la fuerza de sus cuerpos todas las adversidades posibles. Empezaron a llamarse «rey» y se mostraban ante la plebe con sirvientes y con ornamentos que hasta aquel momento no habían sido usados, pedían obediencia y hasta adoración. Quienes se lo propusieran podían conseguirlos sin demasiada dificultad: a los pueblos rudos, viéndolos así, ya no les parecían hombres, sino dioses. Estos hombres, que no confiaban del todo en sus fuerzas, empezaron a fortalecer el sentimiento religioso y a infundir miedo con la fe, obligando a la obediencia a través de los sacramentos a los que no habrían podido obligar con la fuerza. Además, se encargaron de deificar a sus padres, sus abuelos y sus antepasados, para que fueran más numerosos y el pueblo les tuviera más respeto.

Todo esto no se pudo hacer cómodamente sin el oficio de los poetas: sea para expandir su fama o para complacer a los príncipes, sea para deleitar a los súbditos o para persuadir a cada uno de que actuara de manera virtuosa, lo que con el lenguaje llano habría resultado contrario a su intención, con ficciones varias y magistrales—mal comprendidas hoy como ayer por los ignorantes—hacían creer lo que los príncipes querían que se creyera, dedicando a los nuevos dioses y a los hombres que se fingían nacidos de ellos el mismo estilo que los primeros poetas habían usado para venerar al verdadero Dios. Así se produjo la adecuación de los hechos de los hombres fuertes a los de los dioses, así nació el canto excelso hacia las batallas y los otros eventos humanos mezclados con los de los dioses, que fue y sigue siendo, junto con los demás elementos mencionados, el oficio y el ejercicio de todo poeta. Considerando que muchos—que no entienden—creen que la poesía no es más que un hablar fabuloso, antes de explicar por qué los poetas se coronan con laurel me gustaría demostrar brevemente que también se trata de teología.

Si dejamos de lado las pasiones y observamos con la razón, creo que podremos reconocer muy fácilmente que los antiguos poetas imitaron, tanto cuanto es posible para el ingenio humano, los vestigios del Espíritu Santo que—como leemos en la Escritura sagrada—reveló sus secretos a la posteridad por boca de muchos, haciendo que insinuaran veladamente lo que en el momento adecuado querían demostrar concreta y explícitamente. Si examinamos bien sus obras, veremos que ellos—para que la composición poética no pareciera muy distinta de lo que estaban imitando—describieron bajo el velo de la ficción lo que había sido y lo que ocurría en su tiempo presente o lo que deseaban y asumían que pasaría en el futuro. Considerando que la poesía y la Escritura sagrada no compartían la misma finalidad, pero sí el modo de enunciar (el aspecto que más me interesa ahora, en el presente), se podría tejer el mismo elogio para ambas, utilizando las palabras de Gregorio, que afirma acerca de la Escritura sagrada lo que también puede decirse de la poética, es decir: que en un mismo discurso, narrando, abre el texto y el misterio subyacente y así estimula a los sabios y consuela a los simples. Muestra en la superficie lo que alimenta a los niños y revela, ocultándolo, lo que mantiene suspendidas en la admiración a las mentes de los sublimes entendidos. Por eso parece un río, por decirlo yo de alguna forma, lento y profundo, en el cual el pequeño cordero puede caminar y el gran elefante puede nadar con amplitud. Pero hay que seguir verificando lo que acabo de plantear.

La Escritura sagrada (que llamamos «teología»), en la representación de un hecho histórico, en la sensación de una visión, en la significación de un lamento y en muchas otras formas, se propone mostrarnos el misterio elevado de la encarnación del Verbo divino, su vida, los acontecimientos que provocaron su muerte, la resurrección victoriosa, la admirable ascensión y todos sus actos, para que nosotros, así educados, podamos alcanzar aquella gloria que Él, muriendo y resucitando, nos abrió tras el largo cierre por la culpa del primer hombre. Así los poetas en sus obras (que llamamos «poesías»), con imágenes ficticias de varios dioses, con trasmutaciones de hombres en varias formas, con palabras dulces y virtuosas, muestran la razón de las cosas, los efectos de las virtudes y de los vicios, lo que tenemos que evitar y lo que tenemos que perseguir, lo que podemos alcanzar si actuamos bien, para conseguir el objetivo que ellos, que no conocían debidamente al verdadero Dios, consideraban la suma salvación. El Espíritu Santo quiso mostrar en la zarza ardiente, donde Moisés vio a Dios casi como una llama, que la virginidad de Aquella que fue más pura que ninguna otra criatura (y que sería estancia y refugio del Señor de la naturaleza) no tenía que contaminarse en la concepción y el alumbramiento del Verbo del Padre. En la visión del sueño de Nabucodonosor, en la estatua de metal abatida por una piedra convertida en monte, quiso mostrar que todas las edades pretéritas desde la doctrina de Cristo—que fue y es viva piedra—tenían que sumergirse y que la religión cristiana, nacida de esta piedra, se convertiría en algo inmóvil y perpetuo, como son las montañas. En las lamentaciones de Jeremías quiso declarar la masacre futura de Jerusalén.

De la misma forma nuestros poetas, fingiendo que Saturno tenía muchos hijos y que los devoró a todos menos a cuatro, a través de esta ficción no quieren más que hacernos percibir por medio de Saturno que el tiempo, en el cual cada cosa se produce, todas las corrompe reduciéndolas a nada. De los cuatro hijos que Saturno no devora, uno es Júpiter, el elemento del fuego; la otra es Juno, esposa y hermana de Júpiter, es decir, el aire a través del cual el fuego obra sus efectos; el tercero es Neptuno, el dios del mar, el elemento del agua, y el cuarto y último es Pluto, el dios del infierno, es decir, la tierra, el inferior de todos los elementos. Así los poetas fingen que Hércules se transforma de hombre en dios y Licaón en lobo: quieren mostrarnos moralmente que, si actúa de manera virtuosa, como hizo Hércules, el hombre se convierte por participación en dios, en el cielo. Y si actúa movido por el vicio, como hizo Licaón, aunque parezca un hombre, en verdad puede convertirse en aquella bestia que cada uno, por sus efectos, reconoce más parecida a sus propios defectos. Por eso Licaón se representa como un lobo, porque su rapacidad y su avaricia son defectos que le corresponden al lobo.

Así nuestros poetas dibujan la belleza de los Campos Elíseos para mostrar la belleza del paraíso y la oscuridad de Dite para significar la amargura del infierno, con el fin de que nosotros, atraídos por el placer del primero y asustados por el dolor del segundo, persigamos las virtudes que nos llevarán al Elíseo, rehuyendo los vicios que nos harían precipitarnos en la ciudad de Dite. Dejo ahora la descripción de los detalles, porque si quisiera aclararlos cuanto convendría y como podría—aunque, de hecho, se volverían más agradables y fortalecerían mi argumentación—me ocuparían mucho más de lo que el tema principal requiere y yo quiero tratar. Y aunque no añada más a lo que ya he dicho, se tendría que entender claramente que la teología y la poesía sólo comparten la forma de proceder, porque su objeto es muy distinto y hasta contrario en algunas ocasiones: el objeto de la teología sagrada es la verdad divina, el de la antigua poesía son los dioses de los nobles y los hombres. Además, son contrarias porque la teología no presupone nada que no sea verdad; la poesía plantea como verdaderas algunas cosas que son falsas y van en contra de la religión cristiana. Pero como algunos insensatos se levantan contra los poetas y dicen que componen fábulas obscenas que no se corresponden con verdad alguna y que tendrían que mostrar su capacidad de otra forma para adoctrinar a los profanos, quiero ahondar un poco más en el presente razonamiento.

Que observen éstos las visiones de Daniel, de Isaías, de Ezequiel y de los demás autores del Antiguo Testamento, escritas con pluma divina y mostradas por El que no tiene principio ni final.

Que miren las visiones del evangelista en el Nuevo Testamento, llenas de admirable verdad para los entendidos; y si ninguna fábula poética se encuentra tan lejos de la verdad o de la verosimilitud como éstas lo parecen en muchas partes de su corteza, se conceda que solamente los poetas han pronunciado fábulas capaces de provocar únicamente deleite y fruto. Sin replicar a la condena contra los poetas por haber mostrado su doctrina a través de ficciones, podría seguir, reconociendo que mientras con ardor le reprochan precisamente esto a los poetas, incautamente acaban criticando a aquel Espíritu que no es otra cosa que la vía, la verdad y la vida. Sin embargo, algo quiero decir al respecto.

Es evidente que todo lo que se conquista con fatiga es más dulce que lo que se consigue sin afán. La verdad llana, que puede comprenderse con mínimo esfuerzo, deleita y se olvida. Si se comprende con el esfuerzo es más grata y se recuerda más, por eso los poetas la ocultaron bajo elementos que podrían aparentar lo contrario, por eso crearon fábulas con un significado más allá de la superficie: para que su belleza atrajera a cuantos ni las demostraciones filosóficas ni la retórica habían podido cautivar. ¿Qué diremos, pues, de los poetas? ¿Diremos que fueron hombres insensatos, como los insensatos que, hablando sin saber, los juzgan? Claro que no. Es más, en sus procedimientos hubo un sentimiento profundísimo, oculto en el fruto, mientras adornaron con elocuencia la corteza y las hojas superficiales. Pero volvamos a donde lo dejamos.

Digo que la teología y la poesía pueden considerarse casi una sola cosa, donde el objeto es el mismo. Y digo más: que la teología no es otra cosa que una poesía de Dios. ¿Qué es, sino ficción poética, afirmar en las Escrituras que Cristo ora es un león ora un cordero ora un gusano y un dragón y una piedra (y muchas otras formas que ahora sería demasiado largo enumerar)? ¿Qué son las palabras del Salvador en el Evangelio sino un discurso con sentido figurado? Es decir, lo que llamamos «alegoría». Pues está claro que no solamente la poesía es teología, sino que la teología es también poesía. Y si mis palabras merecen poca fe, no me turba: créase a Aristóteles, testigo muy digno de toda gran cosa, que afirma que los poetas fueron los primeros teólogos. Y acabemos con este tema. Volvamos ahora a mostrar por qué solamente a los poetas, entre los hombres de ciencia, se concedía la corona de laurel.

Entre las naciones, que son muchas en la superficie de la Tierra, se cree que los griegos fueron los primeros que abrieron la filosofía y sus secretos, que de sus tesoros extrajeron la doctrina militar, la vida política y muchas otras cosas queridas, por las cuales se volvieron más famosos y respetados que todos los demás pueblos. Entre otras, la santísima máxima de Solón expuesta al principio de este tratado fue revelada por ellos. Por eso su república, que florecía más que todas las de aquel entonces, caminaba recta, avanzaba sobre los dos pies y ordenaba y respetaba magníficamente castigos para los malvados y premios para los valientes. Entre los premios que establecieron para los que actuaban bien, éste fue el principal: coronar con hojas de laurel, en público y con consentimiento público, a los poetas (tras la victoria de sus fatigas) y a los emperadores (que habían expandido victoriosamente la república). Consideraron que la misma gloria le correspondía por virtud a quien preservaba e incrementaba las cosas humanas y a quien trataba de las cosas divinas. Y como los griegos inventaron este honor, pasó después a los latinos, cuando la gloria y las armas volvieron a Roma conocida en todo el mundo. Aunque ocurra muy raramente, este honor permanece en las coronaciones de los poetas. Por qué el laurel fue elegido entre todas las hojas para ser símbolo de la coronación no será algo incómodo de explicar.

Sabiendo que Dafne, amada por Febo, fue convertida en laurel y siendo Febo el primer autor y defensor de los poetas, sus triunfos y sus cítaras se coronaron con laurel por el amor que él sentía hacia aquellas hojas. Por tanto, algunos creen que fue elegido como ejemplo por los hombres y que lo que Febo hizo antes fue la razón de la coronación de poetas y emperadores con aquellas hojas. Esta opinión no me desagrada y no niego que pudo haber sido así, pero me inclino por otra razón, y es la siguiente.

Según explican los que investigan la virtud y la naturaleza de las plantas, el laurel, entre otras, tiene tres propiedades muy notables. La primera, como es evidente, es que nunca pierde verdor ni espesor; la segunda es que este árbol nunca fue fulminado y no tenemos noticia de ningún otro igual; la tercera es que huele muy bien, como se puede fácilmente percibir. Los antiguos inventores de este honor consideraron que estas tres propiedades le convenían a las obras virtuosas de los poetas y de los emperadores victoriosos. Ante todo, el verdor perpetuo de las hojas muestra que la fama de las obras de quienes se coronaban, o se coronarían en el futuro, siempre permanecería viva. Luego consideraron que sus obras eran tan poderosas que ni el fuego de la envidia ni el fulgor del paso del tiempo, que todo lo consume, podrían fulminarlas jamás, así como el fulgor celeste no alcanzaba al árbol. Y, además, convenía que jamás estas obras, por mucho tiempo que pasara, fueran menos agradables y delicadas para quien las escuchara o las leyera, sino que siempre siguieran siendo bien recibidas y bien percibidas. Por tanto, merecidamente la corona de laurel, mejor que de otras hojas, se adecuaba a semejantes hombres, que se correspondían con sus características, como ha quedado manifiesto. Por eso—y no sin razón—nuestro Dante deseaba tan ardientemente ese honor y ese testimonio de virtud, como lo es para quienes hacen dignos de decorar con él sus sienes. Ahora es el momento de cerrar esta discusión y volver allí donde la abrimos.

Nuestro poeta, además de todo lo dicho, fue de ánimo altivo y dado al desdén. Cuando un amigo suyo (que actuaba a instancias de sus peticiones de volver a Florencia–lo que Dante deseaba más que ninguna otra cosa—y que era el único que podía hablar con los que entonces gobernaban en la república) le dijo que durante un tiempo estaría en prisión y que después haría acto público de misericordiosa contrición en nuestra iglesia principal durante una ocasión solemne, y entonces quedaría libre de cualquier condena, le pareció que eso era sólo propio de hombres infames y viles. Y por eso, por encima de su mayor deseo, eligió quedarse en el exilio en vez de volver a su casa por esta vía. ¡Oh, desdén de magnánimo, cuán vilmente actuaste, reprimiendo el deseo ardiente de regresar por un camino menos que digno para un hombre criado en el seno de la filosofía!

También tuvo una muy elevada consideración de sí mismo. Nunca le pareció que valiera menos de lo que juzgaban sus contemporáneos. Esto se vio claramente, entre otras ocasiones, cuando estaba con su facción en la cumbre del gobierno de la república. Fue llamado por los que habían sido derrotados, a través del papa Bonifacio VII, para enderezar el estado de nuestra ciudad un hermano de Felipe, entonces rey de

Francia, cuyo nombre era Carlos. Los miembros principales del bando al que pertenecía Dante se reunieron en consejo y, entre otras cosas, dispusieron qué embajada se tendría que enviar al papa—que entonces estaba en Roma—para convencerlo de que obstaculizara la llegada del mencionado Carlos; o para que él, de acuerdo con el partido que gobernaba, se desplazara a Florencia. Y cuando tocó deliberar quién debía guiar la delegación, todos estuvieron de acuerdo en que fuera Dante. Ante la petición, Dante contestó: «Si yo voy, ¿quién se queda? Si yo me quedo, ¿quién va?», como si él fuera el único capaz y todos los demás lo fueran gracias a él. Estas palabras fueron entendidas y recordadas, pero lo que siguió no le corresponde al presente propósito y por eso lo dejo de lado.

Además de esta actitud, este hombre valiente fue muy fuerte ante todas las adversidades: sólo en un aspecto no sé si diría yo que fue impaciente o valiente, es decir, en lo que concierne al partido con el que se posicionó una vez exiliado, que no le correspondía a su capacidad política, aunque él no quiso que los demás pensaran así. Me parece que puede ser pertinente seguir mostrando cuán animoso y pertinaz fue hacia este partido, así que escribiré un poco más sobre el tema.

Creo que la ira justa de Dios permitía que la Toscana y la Lombardía llevaran mucho tiempo divididas en dos partidos, de los cuales (no sé de dónde procedían los nombres) uno se llamó y se llama «parte güelfa» y el otro «parte gibelina». Y estos dos nombres gozaron de tanta eficacia y veneración en las almas necias de muchos que, con tal de defender lo que alguien eligiera en contra, no les parecía mal perder todos sus bienes y hasta la vida, si era necesario. Y bajo el gobierno de estos partidos, las ciudades itálicas sufrieron muchas veces presiones gravísimas y profundos cambios. Entre otras, experimentó esos vaivenes nuestra ciudad, dirigida ora por uno, ora por el otro partido, según las mutaciones ciudadanas. Los antepasados de Dante, que eran güelfos, fueron expulsados dos veces por los gibelinos y él, de la misma forma, siendo güelfo, mantuvo las riendas de la república en Florencia y fue expulsado, pero no por gibelinos, sino por los propios güelfos (como hemos explicado). Cuando vio que no podía volver, cambió el ánimo y nadie fue gibelino más fiero y más adversario de los güelfos que él. Y de lo que más me avergüenzo—pese a que esté escribiendo en honor a su memoria—es de que, en la Romaña, es de conocimiento público que él reaccionaba con tanta imprudencia ante cualquiera, incluso niños y niñas, que hablara de partidos y condenara al gibelino, que habría llegado hasta a lanzarles piedras. Y con esta animosidad vivió hasta la muerte.

Por supuesto, también me avergüenzo por manchar la fama de semejante hombre con algún defecto, pero el orden que estoy siguiendo así lo requiere en algún momento, porque, si oculto los aspectos menos loables de su persona, estaría restando credibilidad a los notables que ya he mostrado. Pero me disculpo con él mismo, si por casualidad me está observando con ojos desdeñosos desde la otra parte del cielo.

Entre semejante virtud, entre semejante ciencia, como por encima de lo común encarnó nuestro admirable poeta, la lujuria encontró un espacio muy amplio, y no solamente en su juventud, sino también en su madurez. Este vicio, que es natural y común y casi necesario, en verdad se puede comentar, pero no se puede justificar dignamente. ¿Y quién entre los mortales será el juez que lo condene? No seré yo.

Oh, poca firmeza, apetito bestial de los hombres, ¿qué no pueden lograr las mujeres en nosotros si ellas quieren, si incluso cuando no quieren provocan grandes reacciones? Tienen la hermosura, la belleza, el deseo natural y todo lo demás que seduce continuamente los corazones de los hombres. Que es cierto no los confirma lo que Júpiter hizo por Europa, Hércules por Íole, Paris por Helena. Como son temas poéticos, muchos dirán que son historias, pero los hechos demuestran que nadie puede negarlos. ¿Existía en el mundo más que una mujer cuando nuestro primer padre, sin respetar el mandamiento de Dios, se acercó a las persuasiones de ella? Claro que no. Y David, aunque tuviera muchas, sólo con ver a Betsabé se olvidó por ella de Dios, de su reino, de sí mismo y de su honestidad, y primero se volvió adúltero y después homicida: ¿qué no habría hecho él si ella se lo hubiera pedido? Y Salomón, cuya sabiduría nadie, menos el hijo de Dios, alcanzó nunca, ¿acaso no abandonó a quien lo había convertido en sabio y para gustarle a una mujer se arrodilló y adoró a Balam? ¿Qué hizo Herodes? ¿Qué hicieron muchos otros, movidos únicamente por el placer? Entre tantos y semejantes hombres, nuestro poeta, si no puede ser justificado, al menos no tiene que humillar del todo la mirada. Y con haber contado sus costumbres más notables baste a nuestro propósito.

Este glorioso poeta compuso varias obras en su vida y creo conveniente presentarlas en orden, para que nadie se apropie de ninguna de las suyas ni a él se le atribuyan las de otros. Primero, cuando aún lloraba la muerte de Beatrice, casi con veintiséis años, reunió en un volumen que tituló *Vita nova* algunas piezas, como sonetos y canciones, que había escrito en rima con anterioridad, maravillosamente bellas. Antes de cada una, por separado y en orden, explicó las razones que lo habían movido a escribirla y después de los versos comentó cada una de sus partes. Aunque en su madurez se avergonzó mucho de este volumen, considerada la edad en que lo escribió, es muy hermoso y agradable, sobre todo para los lectores de obras en lengua vulgar.

Unos años más tarde, cuando ya se encontraba en la cumbre del gobierno de la república, pudo observar—como se aprecia desde semejantes lugares—la vida de los hombres y los errores del vulgo, y darse cuenta de que los que no cometían errores eran muy pocos y por tanto dignos de honor—y sin embargo expuestos a la confusión que dañaba las ambiciones de aquéllos y sobre todo las suyas propias—, surgió en su alma un pensamiento elevado: probando su capacidad de hacerlo, propuso en una misma obra castigar a los viciosos con penas gravísimas y honrar a los virtuosos con altísimos premios. Y preparó así la gloria perpetua para sí mismo. Habiendo antepuesto, como hemos explicado, el estudio de la poesía a todas las demás disciplinas, consideró oportuno componer una obra poética. Y tras pensar mucho en lo que haría, en su treinta y cinco cumpleaños empezó a concretar lo que había imaginado, es decir: castigar y premiar según los méritos, según su diversidad, la vida de los hombres. Planteó que ésta podía vivirse de tres formas: la viciosa, la que empezaba por el vicio y se dirigía hacia la virtud y la virtuosa; y admirablemente las mostró en tres libros, desde el castigo de los vicios hasta el premio de la virtud, que reunió en un único volumen titulado *Comedia*. Organizó cada uno de los tres libros en cantos y cada canto en tercetos, como se ve claramente. Y lo compuso en lengua vulgar con tanto arte, con un orden tan admirable y tan bello, que nadie ha podido todavía encontrar fallos en algún aspecto. Los que disponen de la capacidad de apreciarlo pueden ver con cuánta sutileza él usó el verso en todo el poema. Igual como sabemos que las grandes obras no pueden comprenderse en un tiempo breve, debemos saber también que una empresa así planteada y tan elevada, tan grande que quiso contener todas las acciones humanas y sus méritos poéticamente y en rima y en lengua vulgar, no podía ser completada en un tiempo reducido, siendo además el autor un hombre agitado por muchos y varios casos de la Fortuna, todos llenos de angustia y envenenados de amargura, como fue Dante. Por eso, desde el momento que se ha indicado, él se entregó a tan elevada obra hasta el final de su vida, y aunque también compuso otras en verso—como se explicará—, a la *Comedia* le dedicó un esfuerzo continuo.

Y tampoco sobra mencionar algunos incidentes que ocurrieron entre el principio y el final del poema.

Mientras él estaba concentrado en su gloriosa obra y ya había compuesto siete cantos de la primera parte, que tituló *Infierno*, poetizando maravillosamente y no como pagano, sino como hombre cristianísimo—algo que ningún poeta cristiano había hecho antes—, ocurrió el gravoso incidente de su expulsión—o huida, como se quiera llamar—. Tras abandonar su poema, inseguro de sí mismo, estuvo vagando, huésped de varios amigos, durante muchos años. Como sin duda deberíamos creer que la Fortuna no puede actuar en contra de lo que Dios dispone (aunque pueda demorarlo, no consigue que se desvíe del propósito final), ocurrió que alguien que tal vez necesitaba algún documento, buscando entre los haberes de Dante, que habían sido puestos a salvo en unos cofres y habían sido llevados a lugares sagrados cuando la plebe ingrata y caótica había saqueado su casa, más por el posible botín que por una justa venganza, encontró los siete cantos que Dante había compuesto. Sin saber qué eran, los leyó con admiración y le gustaron tanto que los rescató y se los llevó a un conciudadano nuestro, cuyo nombre era Dino, hijo de micer Lambertuccio y que en aquel tiempo era un famoso cantor de rimas en Florencia. Y se los mostró. Cuando los leyó, Dino, hombre de ingenio elevado como el que se los había llevado, se maravilló: tanto por la belleza y la elegancia del estilo como por la profundidad del sentido que le pareció percibir oculto bajo la corteza de las palabras. Por eso, el mensajero y él, por el lugar en que habían sido encontrados, consideraron que eran obra de Dante. Les dolía que no estuviera terminada, aunque no podían imaginar su desarrollo ni su conclusión. Decidieron investigar dónde estaba Dante y, una vez encontrado, enviarle los cantos para que, si era posible, otorgara el final que él había imaginado a tan admirable principio. Tras algunas investigaciones, averiguaron que estaba con el marqués Moroello y a éste, no a Dante, le escribieron expresando su deseo y le enviaron los siete cantos. Cuando el marqués, hombre entendido, los leyó, los alabó y se los mostró a Dante, preguntándole si sabía quién los había compuesto. Dante los reconoció enseguida y confirmó que eran obra suya. Entonces el marqués le rogó que no dejara tan alto principio sin el debido final. «Por supuesto», dijo Dante, «pensaba, en mi ruina, que había perdido estos junto con muchos otros de mis libros y por eso, por esa convicción y por la multitud de afanes sobrevenidos por mi exilio, había abandonado por completo la alta fantasía que requiere esta obra. Como la Fortuna inesperadamente me los ha devuelto y a usted le place, intentaré recordar mi primer propósito y procederé según la gracia me conceda». Y retomada, no sin esfuerzo, la fantasía que había abandonado tiempo atrás, continuó: «Digo, pues, prosiguiendo mi relato...», etcétera. Y aquí quien observa bien puede fácilmente reconocer la continuación de la obra interrumpida.

Una vez retomado el magnífico poema, Dante continuó componiendo hasta el final, no sin interrumpirlo varias veces—como tal vez muchos se habrán figurado—. Es más, en diversas ocasiones, según la necesidad que los casos sobrevenidos requerían, permaneció meses e incluso años sin poder añadir versos, y tampoco pudo apresurarse para ver la publicación de la obra entera antes de su muerte. Cada vez que completaba seis u ocho cantos, más o menos, antes de que nadie los leyera, acostumbraba a enviárselos a micer Cane della Scala, a quien respetaba más que a cualquier otro hombre. Y cuando éste los había leído, entregaba copias a quien las quisiera. Y de esta forma, cuando se los hubo enviado todos menos los últimos trece—porque, aunque ya los había compuesto, no llegó a enviárselos—, ocurrió que Dante, sin que nadie supiera de la existencia de estos cantos, murió. Los que le sobrevivieron, hijos y discípulos, buscaron con afán y durante varios meses, entre todos sus escritos, el final de su obra. Pero no encontraron de ninguna forma los cantos restantes, y todos sus amigos estaban tristes porque Dios no había prestado el poeta a este mundo al menos hasta que terminara lo poco que quedaba de la *Comedia*. Cuanto más buscaban sin encontrarlos, más desesperados estaban.

Iacopo y Piero, que eran hijos de Dante y ambos compositores de rimas, persuadidos por sus amigos, se habían propuesto, en la medida de sus posibilidades, suplir la obra paterna, para que no siguiera incompleta. Iacopo, que era mucho más ferviente que su hermano, tuvo una visión admirable, que no solamente lo disuadió de su necia presunción, sino que le mostró dónde estaban los trece cantos que le faltaban a la divina *Comedia* y que ellos no habían sabido encontrar.

Contaba un valiente hombre de Rávena llamado Piero Giardino y que había sido durante mucho tiempo discípulo de Dante que después del octavo mes tras la muerte de su maestro, una noche, cerca de la hora que llamamos «matutina», el arriba mencionado Iacopo fue a su casa y le dijo que aquella misma noche, poco antes, había visto en sueños a su padre, Dante, vestido de cándido blanco y con una luz insólita que resplandecía en su rostro. Le había preguntado si vivía y había escuchado por respuesta un sí, pero de la vida eterna, no de la nuestra. También le preguntó si había completado su obra antes de pasar a la otra vida y, si así era, dónde estaban los cantos que faltaban, porque ellos no habían podido encontrarlos. Y le pareció escuchar, por segunda vez, por respuesta: «Sí, la terminé», y le pareció que lo cogía de la mano y lo llevaba a la habitación donde acostumbraba dormir cuando vivía en esta vida y, tocando una pared, decía: «Está aquí lo que tanto habéis buscado». Tras pronunciar estas palabras, se habían desvanecido a la vez Dante y el sueño. Iacopo sostenía que no había podido evitar ir a contarle lo que había visto, le pedía que fueran juntos a buscar en el lugar que le había sido mostrado, y que él había marcado con precisión en su memoria, para ver si se lo había indicado una falsa ilusión o un espíritu verdadero. Así, cuando aún quedaba una buena parte de la noche, fueron juntos al lugar designado y allí encontraron una esterilla clavada en la pared, la levantaron ligeramente y vieron una pequeña ventana—que nunca habían visto y que ni sabían que existiera—y encontraron varias páginas escritas, enmohecidas por la humedad y que se habrían corrompido si se hubieran quedado más tiempo allí. Lentamente limpiaron el mojo, las leyeron y confirmaron que contenían los trece cantos que tanto habían buscado. Felicísimos, una vez transcritos los versos, según el autor acostumbraba a hacer, los enviaron primero a micer Cane y luego los unieron a la obra incompleta, como correspondía. De tal forma el poema, compuesto durante muchos años, fue completado.

Muchos (entre ellos, algunos hombres sabios) suelen plantear la siguiente cuestión: considerando que Dante era un hombre de sabiduría profunda, por qué compuso una obra tan ambiciosa y tan notable y de materia tan alta en el idioma florentino y no en latín, como sí habían hecho los poetas anteriores. Para contestar a esta pregunta, se me ocurren, entre muchas, dos razones más importantes que las demás. La primera es que lo hizo para utilidad común de sus conciudadanos y de todos los italianos: sabía que si hubiera escrito métricamente en latín, como los poetas precedentes, solamente habría beneficiado a los literatos. Escribiendo en lengua vulgar, compuso una obra que jamás fue replicada y no eliminó la posibilidad de ser entendida por los literatos, mientras mostró la belleza de nuestro idioma y el excelente arte en su uso, y proporcionó a las personas de cultura no elevada deleite y la posibilidad de comprenderlo. La segunda razón que determinó su decisión fue ésta: se había dado cuenta de que los estudios liberales habían sido abandonados por completo, sobre todo por los príncipes y los demás grandes hombres, a quienes las fatigas poéticas se solían dedicar, y que por eso las divinas obras de Virgilio y de los demás poetas solemnes no solamente se apreciaban poco, sino que casi se despreciaban. Y tras empezar, según le correspondía a la altura de la materia, con estos versos:

Ultima regna canam, fluvido contermina mundo,
spiritibus quae lata patent, quae premia solvunt
pro meritis cuicuinque suis...

[Cantaré los últimos reinos, el reino atravesado por el río, | el que se abre amplio a las almas, que asigna los premios | a cada cual según sus méritos...], los apartó. E imaginando en vano que las cortezas de pan puedan ofrecerse a la boca de los que todavía toman leche, volvió a empezar su obra en estilo adaptado al gusto moderno y lo hizo en lengua vulgar.

Según los argumentos de algunos, Dante dedicó su libro de la *Comedia* a tres solemnísimos hombres italianos, según la triple partición, en este orden: la primera parte—es decir, el *Infierno*—a Uguiccione della Faggiuola, que entonces, en la Toscana, era señor de Pisa y de gloria admirable; la segunda parte—es decir, el *Purgatorio*—se la dedicó al marqués Moruello Malespina; la tercera—es decir, el *Paraíso*—a Federico III, rey de Sicilia. Algunos sostienen que dedicó todo el poema, en cambio, a Cane della Scala: sea cual fuere la verdad entre estas dos opciones, no tenemos nada más que las tesis de varios hombres y tampoco se trata de un hecho tan relevante como para que precise una investigación formal.

Este egregio autor también escribió un tratado en prosa latina para celebrar la llegada del emperador Enrique VII, cuyo título es *Monarquía* y que, según las tres cuestiones sobre las cuales delibera, dividió en tres libros. En el primero, argumentando lógicamente, prueba que para el bienestar del mundo es necesario un imperio: y ésta es la primera cuestión. En el segundo, procediendo por argumentos históricos, muestra que Roma obtuvo con razón el título de imperio: es la segunda cuestión. En el tercero, a través de argumentos teológicos, demuestra que la autoridad del imperio procede inmediatamente de Dios (y no por mediación de algún vicario suyo, como parece que quieren los clérigos): y ésta es la tercera cuestión.

Varios años después de la muerte de Dante, este tratado fue condenado por micer Bertrand, cardenal Du Pouget, cuando Juan XXII era papa. Y ocurrió porque Luis IV, duque de Baviera, elegido rey de los romanos por los electores de Alemania, vino a Roma por su coronación contra la voluntad del mencionado Juan, que ocupaba la sede pontificia en Roma. Contra los ordenamientos eclesiásticos, convirtió en papa a un fraile menor, llamado fray Pietro della Corvara, y consagró a muchos cardenales y obispos, y por este nuevo papa se hizo coronar a su vez. Surgió así la cuestión de su autoridad y él y sus seguidores encontraron en el libro de Dante los argumentos a favor y empezaron a utilizarlos. Así se volvió famoso el tratado sobre la monarquía, que hasta aquel momento apenas era conocido.

Pero luego, cuando Luis IV regresó a Alemania y sus seguidores (sobre todo los clérigos) fueron doblegados y dispersados, el mencionado cardenal, sin que nadie se opusiera, condenó públicamente el libro a la hoguera argumentando que contenía razonamientos heréticos. Igualmente se esforzó en condenar los huesos del autor a la infamia eterna y en confundir su memoria; pero se opuso a ello un valiente y noble caballero florentino llamado Pino della Tosa, que se encontraba entonces en Bolonia, donde ocurría el debate, apoyado por micer Ostagio da Polenta, ambos muy poderosos ante el mencionado cardenal.

Además de estos libros, Dante compuso dos églogas muy hermosas, que envió y dedicó al maestro Giovanni del Virgilio (que ya he mencionado en otra ocasión), en respuesta a unos versos que éste le había enviado.

Además, compuso un comentario en prosa, en vulgar florentino, sobre tres de sus canciones largas, aunque parece que al principio tenía intención de comentarlas todas y luego, o por un cambio de propósito, o por falta de tiempo, no analizó más que tres. Y esta obra muy hermosa y loable se tituló *Convivio.*

Después, ya casi cerca de su muerte, compuso un tratado en prosa en latín que tituló *De vulgari eloquentia* [Sobre la elocuencia de la lengua vulgar], donde pretendía mostrar la doctrina del decir en rima a quien quisiera cultivarla. Aunque por lo que menciona en este libro parece que hubiera querido escribir cuatro volúmenes, solamente hay dos, tal vez porque le sobrevino la muerte o porque los demás están perdidos.

Este valioso poeta compuso también muchas epístolas en prosa, en latín, y aún siguen apareciendo nuevas. Compuso canciones largas, sonetos y muchas baladas, de tema amoroso y moral, además de las que aparecen en su *Vita nova.* Pero ahora no me interesa mencionarlas especialmente.

En semejantes actividades, como se ha explicado, el hombre brillantísimo consumió aquella parte de su tiempo que pudo sustraer a los suspiros amorosos, a las lágrimas piadosas, a las ocupaciones públicas y privadas y a las varias fluctuaciones de la Fortuna inicua: obras mucho más agradables para Dios y los hombres que los engaños, los fraudes, las mentiras, los secuestros y las traiciones que la mayoría utilizan hoy, buscando por caminos diversos el mismo objetivo, es decir, volverse ricos, como si en las riquezas se hallaran el bien, el honor y la beatitud. ¡Oh, mentes necias, una breve fracción de una hora separará el espíritu de su cuerpo caduco y anulará todos estos esfuerzos reprochables; y el tiempo, en el cual cada cosa suele consumirse, o anulará rápidamente la memoria del rico, o la conservará durante un tiempo con gran vergüenza! Seguramente no le ocurrirá a nuestro poeta. Al contrario, como vemos que sucede con los instrumentos bélicos, que se vuelven más claros con el uso, así pasará con su nombre: él, aunque sea arrugado por el tiempo, se volverá cada vez más brillante. Que se afane quien quiera en su propia vanidad y le baste con que lo dejen acusar el obrar virtuoso de los demás, condenando lo que él mismo no comprende.

Sumariamente se han expuesto el origen, los estudios, la vida, las costumbres y las obras del espléndido Dante Alighieri, poeta ilustre, y con ellas alguna cosa más, a través de digresiones, según me ha concedido El que dona toda gracia. Lo sé bien: muchos otros habrían podido explicarlo mejor y más discretamente, pero a quien hace lo que sabe no se le pide más. Que yo haya escrito como he sabido no le quita a otro la posibilidad, si lo considera oportuno, de escribir mejor de como lo he hecho yo. Es más, si tal vez he cometido algún error, daré materia para que otros escriban y digan la verdad sobre nuestro Dante, aunque hasta el momento no haya encontrado a nadie que lo haya hecho. Pero mi fatiga no ha llegado a su final. Una mínima parte, prometida en el recorrido de esta pequeña obra, me queda por añadir, es decir: el sueño de la madre de nuestro poeta, cuando estaba encinta de él, que contaré lo más brevemente que sepa y pueda, porque quiero librarme de esta tarea y dejar de razonar.

La noble mujer, durante su embarazo, se vio a los pies de un árbol de laurel muy alto, al lado de una fuente de aguas transparentes. Daba a luz a un hijo que, en breve tiempo, nutriéndose de las bayas que caían de aquel árbol y de las aguas de la fuente, se convertía en un gran pastor, que se deleitaba mucho con las ramas de aquel laurel bajo el cual se encontraba. Y a ella le parecía que él, mientras se esforzaba por aferrarlas, se caía. Y de pronto no lo vio a él sino, en su lugar, a un bellísimo pavo real. Conmovida por semejante maravilla, la noble mujer despertó del dulce sueño, sin ver lo que ocurría después.

La bondad divina, que *ab eterno*, así como en el presente, previó toda cosa futura, suele advertirnos, movida por su propia benignidad, cuando la naturaleza—su ministra general—está a punto de producir algún efecto inesperado entre los mortales. Nos ofrece alguna demostración a través de una señal o de un sueño, para que deduzcamos del preaviso que todo conocimiento se halla en el Señor de la naturaleza que todo lo provoca. Así hizo una demostración previa, si se observa bien, de la llegada al mundo del poeta, de quien tanto hemos hablado. ¿Y a quién podía ofrecerla, quién sabría verla y conservarla con tanta afección, más que la que sería—es más, ya era—madre de lo que estaba mostrando? Claramente a ninguna otra. Por lo tanto, se lo mostró a ella, y lo que le mostró ya lo sabemos por lo que acabamos de escribir. Pero hay que observar con ojos más agudos lo que el sueño implica. A la mujer le pareció que alumbraba a un hijo y así, de hecho, ocurrió poco después de la visión. Pero lo que significa el alto laurel bajo el cual da a luz hay que analizarlo.

Es opinión de los astrólogos y de muchos filósofos naturales que los cuerpos terrestres se producen y se nutren por virtud e influencia de los celestes, y también se guían por ellos, si la razón potentísima no se resiste, iluminada por la gracia divina. Por eso observan qué cuerpo superior es más poderoso en el grado que, por encima del horizonte, marca la hora del nacimiento. Y dicen que la personalidad del recién nacido se dispone según las cualidades de este cuerpo. Me parece que, por el laurel, bajo el cual le parecía a la mujer alumbrar a nuestro Dante, habría que entender la disposición del cielo en el día del nacimiento del poeta, que sugirió ya magnanimidad y elocuencia poética: las dos cualidades que representa el laurel, el árbol de Febo con cuyas hojas, como ampliamente se ha explicado, los poetas suelen ser coronados.

Y entiendo las bayas, de las cuales se alimentaba el niño, como los efectos de semejante disposición del cielo, es decir: los libros poéticos y sus doctrinas, de los que se alimentó muchísimo y en cuyo seno se crio nuestro Dante.

Y considero que la fuente cristalina, de cuya

agua le parecía a la mujer que él bebía, no puede entenderse de ninguna otra forma que no sea la fertilidad de la filosofía moral y natural: igual que el agua procede de la fertilidad escondida en el vientre de la tierra, estas doctrinas reciben su esencia y su razón de las copiosas argumentaciones demostrativas, que podrían compararse con la abundancia terrenal. Igual que la comida no puede disponerse bien en los estómagos sin agua, ninguna ciencia puede adaptarse bien a los intelectos si no está ordenada y dispuesta por las demostraciones. Por eso podemos decir, sin duda, que él con las aguas claras (la filosofía) disponía en su estómago (su intelecto) las bayas de las cuales se alimenta (la poesía que, como se ha expuesto, estudiaba con toda su diligencia).

Que se convirtiera enseguida en pastor muestra la excelencia de su ingenio, porque ocurrió en muy poco tiempo. Y, de hecho, en un tiempo muy breve comprendió a través del estudio todo lo que era oportuno para ser pastor, es decir, ser dador de pasto a los ingenios que lo necesiten. Y como cualquiera puede comprender fácilmente, hay dos formas de ser pastor: del cuerpo y del espíritu. Y dos son los pastores del cuerpo: los que todos vulgarmente llaman «pastores», que cuidan de las ovejas o los bueyes o de cualquier otro animal, y los padres de familia, por cuyo celo conviene que sean alimentados y cuidados y gobernados los rebaños de hijos y sirvientes y demás sujetos. También hay dos pastores espirituales: quienes nutren las almas de los vivos con la palabra de Dios (los prelados, los predicadores y los sacerdotes, en cuya custodia se confían las almas inestables, dispuestas bajo la guía que les ha sido asignada) y los que informan de óptima doctrina las almas y los intelectos de los que los escuchan y los leen. Estos pastores han interpretado lo que escribieron los antiguos o han escrito de forma nueva lo que no les ha parecido demasiado claro u omitido (generalmente se llaman «doctores», sea cual sea su disciplina). Nuestro poeta se convirtió en este tipo de pastor en muy poco tiempo. Y que es cierto, dejando de lado sus demás obras, lo prueba su *Comedia*, que con la dulzura y belleza del texto nutre no solamente a los hombres, sino a los niños y a las mujeres. Y, con la suavidad admirables de los sentidos profundísimos que oculta bajo las palabras, mientras las mantiene atentas, recrea y alimenta a las mentes más elevadas.

Su esfuerzo por conseguir aquellas hojas, cuyos frutos lo alimentaron, confirma su deseo ardiente de conseguir la corona de laurel, como ya he explicado, para que sea testimonio en el futuro. Cuanto más apasionadamente deseaba las hojas, más las veía caer, según soñó su madre, y esta caída no es nada más que la que todos experimentamos y de la cual no podemos levantarnos: la muerte, que ocurrió—si se recuerda bien—cuando Dante más ansiaba la coronación poética.

Así pues, la madre relata que lo vio convertirse rápidamente de pastor en pavo real: con esta transformación podemos interpretar su posteridad, que vive en sus obras y sobre todo en su *Comedia*, la cual, a mi juicio, se corresponde perfectamente con el pavo real, si observamos las propiedades de ambos. Entre sus atributos, el pavo real tiene cuatro muy notables: el primero es que sus plumas son angelicales y parece tener cien ojos; el segundo, que sus patas son feas y su andar es quedo; el tercero, que su voz es terrible de escuchar; el cuarto y último, que su carne es fragante e incorruptible. Estos cuatro atributos encierran en sí mismos la *Comedia* de nuestro poeta, pero como el orden en que los he expuesto no se puede seguir de manera oportuna, lo iré adaptando según me resulte más cómodo y empezaré por el último.

Afirmo que el sentido de nuestra *Comedia* es parecido a la carne del pavo real porque—te refieras al sentido moral o al teológico o lo atribuyas a la parte del libro que más te guste—es una verdad simple e inmutable, que no solamente no puede ser corrompida, sino que, cuanto más se busca, mayor olor de su incorruptible dulzura ofrece a quien la examine. Y podríamos probarlo fácilmente con muchos ejemplos, si la materia del presente tratado lo permitiera. Por eso, sin proponer ninguno, dejo que los entendidos los encuentren.

Dije poco antes que esta carne está recubierta por plumas angelicales y escribo «angelicales» no porque yo sepa si las de los ángeles son así o incluso si las tienen, sino porque, conjeturando como hacemos los mortales y sabiendo que los ángeles vuelan, supongo que lo harán con plumas. Y como no conozco, entre las de nuestras aves, ningunas más hermosas y más raras que las del pavo real, imagino que las de los ángeles serán así. Pero las del ave no reciben su nombre de las de los ángeles, sino al revés, porque el ángel es un pájaro más noble que el pavo real. Esas plumas que recubren el cuerpo poético interpreto que son la belleza de la historia singular, que resuena en la superficie de la lectura de la *Comedia*, es decir: descender al Infierno y ver la configuración del lugar y las condiciones de sus habitantes; subir por la montaña del Purgatorio y escuchar las lágrimas y los lamentos de quienes esperan ser salvados, y ascender al Paraíso ante la inefable gloria de los beatos. Jamás alguien pensó o escuchó historia más bella y más singular, repartida en cien cantos, así como algunos quieren que el pavo real tenga cien ojos en la cola. Estos cien cantos distinguen tan agudamente las oportunas variedades del tratado, como los ojos diferencian los colores y la diversidad de los objetos. Pues la carne de nuestro pavo real está bien recubierta de plumas angelicales.

Este pájaro tiene además pies feos y andar pausado, ambas características que se adaptan de manera óptima a la *Comedia* de nuestro autor porque, como es evidente que todo el cuerpo se aguanta sobre los pies, así a primera vista parece que toda obra escrita se sustenta sobre la forma de hablar. Y el habla vulgar, en la cual y sobre la cual se estructura cada articulación de la *Comedia*, en comparación con el estilo literario, elevado y magistral, que todos los demás poetas utilizan, es fea, aunque sea la más hermosa de todas para los ingenios contemporáneos. El andar quedo significa la humildad del estilo, que se requiere necesariamente en las comedias, como saben los que entienden qué quiere decir «comedia».

Por último, he dicho que la voz del pavo real es horrible: aunque la suavidad de las palabras de nuestro poeta sea evidente en la primera lectura, quien observe bien su esencia reconocerá que el atributo se adecúa óptimamente a él. ¿Quién grita más que él, cuando con invectivas durísimas muerde las culpas de muchos vivos y castiga las de los difuntos? Para el que está dispuesto a pecar, ¿qué voz es más terrible que la del castigador? Ninguna, por supuesto. Con sus demostraciones, asusta a los buenos y aflige a los malvados; y cuando se dedica a esta tarea, podemos decir que su voz es realmente horrible. Por eso—y por todo lo explicado—es muy evidente que Dante fue pastor y se convirtió en pavo real después de su muerte, así como podemos creer que ocurrió en el sueño mostrado a su madre por inspiración divina.

Sé que he expuesto el sueño de la madre de nuestro poeta muy superficialmente y se debe a varias razones. Ante todo, porque tal vez me falta la capacidad que semejante tema requiere; luego, aunque la tuviera, la intención principal no lo consentía; finalmente, aunque hubiera habido capacidad y la materia lo hubiera permitido, he hecho bien en no decir más de lo que he dicho para dejar que otros, más capaces y más delicados que yo, lo cuenten en otro espacio. Por eso lo que he dicho hasta ahora tiene que bastarme oportunamente y lo que falta quedará en las cuitas de quien me siga.

Mi pequeña barca ha arribado al puerto hacia el cual dirigió su proa, partiendo de la orilla opuesta. La navegación ha sido breve y sin impedimentos, y el mar que ha surcado poco profundo y tranquilo; por supuesto, por ello habrá que rendir gracias a Aquel que ha prestado un viento favorable para sus velas. A Él se las rindo con toda la humildad, toda la devoción y todo el afecto de los que soy capaz, no las que le corresponderían sino las que yo puedo, bendiciendo en eterno su nombre y su valor.

AQUÍ TERMINA EL TRATADO SOBRE LOS ORÍGENES, LA VIDA, LOS ESTUDIOS Y LA MUERTE DEL FAMOSO FLORENTINO DANTE ALIGHIERI, POETA ILUSTRE, Y SOBRE LAS OBRAS QUE ÉL COMPUSO.

ESTA EDICIÓN, PRIMERA, DE
«BREVE ELOGIO DE DANTE», DE GIOVANNI
BOCCACCIO, SE TERMINÓ DE IMPRIMIR
EN CAPELLADES EN EL MES
DE FEBRERO
DEL AÑO
2025